CB143527

O HOMEM QUE TOCOU OS SEGREDOS DO UNIVERSO

Jul/2002

Por todo o meu amor.
à filosofia, às estrelas,
às galáxias e ao ser
humano que ainda não
se acomodou à todas essas
maravilhas.

GLENN CLARK

O HOMEM QUE TOCOU OS SEGREDOS DO UNIVERSO

A inacreditável história de Walter Russell, um gênio da Música, da Literatura, da Arquitetura, da Pintura, da Escultura, da Ciência, da Filosofia e das Relações Humanas – de alguém que apenas freqüentou a escola primária de sua época. Esta é a história de como ele o conseguiu!

Tradução
SÔNIA DANTAS CAFÉ

EDITORA PENSAMENTO
São Paulo

Título do original:
The Man Who Tapped the Secrets of the Universe

Copyright © Publicado mediante acordo com
Macalester Park Publishing Company

Edição	O primeiro número à esquerda indica a edição, ou reedição, desta obra. A primeira dezena à direita indica o ano em que esta edição, ou reedição, foi publicada.	Ano
4-5-6-7-8-9-10-11-12		02-03-04-05-06-07

Direitos de tradução para a língua portuguesa
adquiridos com exclusividade pela
EDITORA PENSAMENTO-CULTRIX LTDA.
Rua Dr. Mário Vicente, 368 – 04270-000 – São Paulo, SP
Fone: 272-1399 – Fax: 272-4770
E-mail: pensamento@cultrix.com.br
http://www.pensamento-cultrix.com.br
que se reserva a propriedade literária desta tradução.

Impresso em nossas oficinas gráficas.

SUMÁRIO

ILUSTRAÇÕES

Glenn Clark é também o fundador dos "Camps Farthest Out": "que se dedica ao propósito de descobrir a totalidade de uma vida abundante, à qual Cristo se referiu e prometeu, uma vida que é a nossa justa herança sempre que dedicamos nosso corpo, nossa mente e nossa alma completamente a Deus, através da diversão, do trabalho e da adoração. Convidamos aos participantes a entrarem no jardim de infância da criatividade para descobrir todas as felizes oportunidades de expressarmos naturalmente o nosso lado espiritual. Portanto, cantamos, fazemos arte e escrevemos, usamos nosso corpo de forma rítmica durante a nossa programação, pois a mais elevada arte da vida é uma oração viva, contínua, dinâmica e em comunhão anímica com Deus e com o homem como Sua imagem, através de Jesus Cristo."

Glenn Clark

Se você desejar saber mais sobre "The Camps Farthest Out" escreva para:
Association of Camps Farthest Out
475 N. Cleveland Ave., St. Paul, MN 55104

PREFÁCIO

Sara Marriott

Através dos anos, este livro tem me revelado continuamente inúmeros segredos do grande potencial que está oculto dentro de nós, esperando para ser reconhecido, mais bem compreendido e colocado em prática em nossa vida no dia-a-dia.

Ele destrói muitas das ilusões que limitam o nosso progresso em encontrar um verdadeiro propósito na vida e em entrar em sintonia com o grande raio de energia espiritual e eletromagnética que flui através do nosso ser, vindo da fonte da criação para cada átomo do nosso corpo.

De tempos em tempos, quando minha consciência superior, ou meu Instrutor Interno, me encontrava pronta para compreender um pouco mais dos tesouros da vida, vi-me inspirada a reler este livro, descobrindo em suas frases simples e sutis alguma verdade impulsionadora e necessária, ou uma compreensão mais ampla do uso da energia de que eu não me havia dado conta anteriormente, quem sabe devido a uma resistência interior à mudança.

Compartilhar da experiência de Walter Russell tem nos mostrado que, à medida que aprendermos a alcançar o interior de nós mesmos e a ouvir com nossos receptores internos, encontraremos em nossa consciência maior todo o conhecimento e energia de que iremos precisar para atravessar a ponte de luz que nos transporta de nossas vibrações inferiores e limitadas para níveis mais elevados de consciência. Durante esse processo, descobrimos o poder interior que possibilita a liberação das ilusões e apegos que criam os obstáculos em nossas vidas.

Outro segredo muito importante está em despertar para o fato de que estamos criando nossas vidas a cada momento pelo modo como focalizamos nossa atenção consciente. O poder da nossa atenção é como um ímã interior que atrai até nós a escassez ou a abundância; dor, medo, doença ou alegria, felicidade interior e sabedoria; depressão ou a esplêndida oportunidade de servir com amor e alegria.

Todos estamos sujeitos à lei natural do Universo, quer acreditemos nela ou não, e mesmo se não a compreendemos, poderemos começar a contatar o fluxo de energia que é a nossa Realidade, abrindo o caminho para a luz orientadora do nosso verdadeiro Ser.

Aprendemos que cada um de nós é um fio único e essencial na trama do propósito unificado da humanidade que evolui tão rapidamente nesta época de transição, de acordo com o plano estabelecido para o planeta Terra.

PREFÁCIO PARA A EDIÇÃO DE 1953

Glenn Clark

A história da vida de Walter Russell foi publicada pela primeira vez em 1946, quando ele morava em Carnegie Hall, na cidade de Nova York. Muitos leitores que hoje não conseguem encontrá-lo perguntam onde ele está e se suas atividades cessaram em virtude de seus 85 anos de idade. A verdade é que ele está mais ativo do que nunca e ainda olha para os anos vindouros como os mais importantes da sua vida.

Em 1948, Walter Russell e sua esposa, Lao Russell, adquiriram um famoso palácio de mármore em estilo renascentista italiano com jardins esculpidos no topo de uma montanha do Estado de Virgínia, a fim de devotar o resto de suas vidas às artes, à filosofia e à ciência para o aperfeiçoamento das relações humanas e para o desenvolvimento do gênio inerente em cada ser humano. Nesse local, todos os seus livros e obras musicais são publicados e ali se encontra a maior parte de suas obras de arte.

Milhares de pessoas visitam este santuário durante todo o ano e são conduzidas por guias através dos salões espaçosos, onde estão expostas as várias obras de Walter Russell em todas as artes. O palácio está circundado de amplos jardins, adornados com suas esculturas, dentre as quais se destacam "As Quatro Liberdades" e a majestosa estátua do "Cristo da Montanha Azul", que sua esposa o inspirou a criar.

Walter e Lao Russell escreveram o "Curso para o Estudo da Lei Universal, Ciência Natural e Filosofia", com duração de um ano, que já percorreu o mundo e inspirou muitos com novos conhecimentos sobre a relação do homem com o homem, com Deus e com o Universo.

Para simbolizar esses ensinamentos, Lao Russell o inspirou a criar "O Sermão da Montanha", obra na qual trabalha atualmente. Supõe-se que esse conjunto escultural de Jesus e seus Apóstolos irá se transformar na sua mais eloqüente realização.

Aqueles que desejarem visitar esse local para estudo, meditação ou inspiração, devem contatar a Fundação Walter Russell, Swannanoa, Waynesboro, Virginia.

Capítulo 1

CONTINUAMOS A BUSCAR

Durante toda a minha vida estive à procura de um homem que tivesse descoberto a lei universal que se oculta no "Sermão da Montanha" e que conscientemente usasse essa lei com pleno conhecimento de seu significado e total obediência aos seus princípios.

Dezenas de milhares de pessoas já pregaram ou escreveram sobre o assunto, porém com um entendimento ainda limitado de seu significado. Duvido que haja muitos homens em todo o mundo que realmente conheçam esse fundamento cósmico o suficiente para vivê-lo com sabedoria.

Se eu pudesse encontrar um tal homem, pensei comigo mesmo, ele seria tão consciente da Luz de Deus que conheceria a *Causa* espiritual que está por trás de todos os *Efeitos*. Tal homem seria um supergênio, e os segredos do universo lhe pertenceriam. Ele veria o universo como um todo e saberia como se relacionar com ele e com Deus. Todo conhecimento da *Causa* seria dele, bem como o poder de usá-lo.

Certo dia, recebi uma mensagem informando-me que o Dr. Alexis Carrel desejava ver-me. "O mundo está enfrentando uma crise terrível", disse ele. "O futuro da humanidade está em jogo. A espécie humana só poderá ser salva por um grupo de homens cuja sabedoria esteja sintonizada com a sabedoria de Deus na Sua Fonte e, portanto, tão integrados com o seu centro interior e tão conscientes do cosmos que serão capazes de pensar claramente em muitos campos, não se limitando a apenas um. Se esse grupo pudesse se encontrar e compartilhar sua sabedoria, seria possível traçar um plano que poderia salvar o mundo. Você poderia me ajudar a encontrar esses homens?"

No campo religioso eu havia encontrado vários desses homens. Rufus Jones encabeçaria a lista seguido por Frank Laubach e E. Stanley Jones e, talvez, alguns outros. A verdade é que esses homens são tão humildes que se recusariam a arrogar-se essas qualidades, o que já se tornaria uma prova adicional de que merecem a honra que lhes atribuo.

Entretanto, o Dr. Carrel insistia para que eu achasse um homem fora do campo da religião, mas que tivesse obtido sucesso em diversas áreas, tais como no mundo empresarial, na engenharia ou nas artes.

"Se é isso o que você quer", respondi, "indicarei em primeiro lugar o Dr. George Washington Carver."

Ele aceitou a sugestão com entusiasmo. Citei outros, mas ele insistiu que eu chamasse o Dr. Carver.

"Ajude-me a entrar em contato com esse homem", disse ele. "Algo dentro de mim me diz que ele é a pessoa indicada."

Com grande alegria consegui reunir o Dr. Carrel e o Dr. Carver. Semanas e anos se passaram e o Dr. Carrel continuava procurando pessoas que estivessem cosmicamente conscientes. Então, começou a II Guerra Mundial. Em seguida, deu-se o falecimento do Dr. Carver e notícias vindas da França anunciavam que o Dr. Carrel também havia falecido. Mas o seu sonho não morreu. Eu continuo à procura de homens tão conscientes da fonte espiritual de toda a criação, na certeza de que sua sabedoria é uma parte da Sabedoria Total do Universo.

"Encontre esse homem" – dizia-me uma voz interior – "e você achará uma inspiração para todos os que desejarem se preparar para uma vida mais criativa num tempo como o atual."

E, então, pela bondade de Deus, fui conduzido a esse homem.

Nessa época, eu havia inaugurado uma Escola de Treinamento cuja meta era, em primeiro lugar, levar pessoas a se concentrar em Deus; em segundo lugar, abrir caminhos pelos quais sua sabedoria pudesse ser vista como parte da Sabedoria Total do Universo e, por último, demonstrar a inter-relação subjacente entre todas as ciências, artes e filosofias, de modo que os estudantes pudessem pensar claramente em muitas áreas e não se limitassem a uma só.

Durante uma viagem, encontrei alguém que me disse: "Há um homem que ilustra com sua própria vida tudo o que você vem ensinando: Walter Russell. Ainda não ouviu falar dele?" Eu não tinha ouvido falar dele. Meses mais tarde, outra pessoa me disse: "Tudo o que você diz sobre a necessidade de integrar nosso conhecimento e conhecer a Fonte de onde

Walter Russell

ele procede, é muito bem ilustrado por um homem que conheço, Walter Russell. Você já o conhece?"

"Já ouvi falar dele", respondi, "mas nunca o vi pessoalmente."

"Eu o trarei a você. Vou ver se ele vem assistir à sua palestra desta noite."

Capítulo 2

ENCONTRAMOS O HOMEM

Percebi pela barba à Van Dyke que estava falando com um artista; pelas amplas sobrancelhas e pela profundidade de seus olhos pude ver que era um filósofo. Seu modo eficiente e vivaz de falar revelava um homem de ação. Havia, além disso, uma luz em seus olhos, que mostrava ser ele capaz de grandes inspirações e que vivia perto dos Grandes Poderes Invisíveis do Universo.

Portanto, não levou muito tempo para que eu fôsse até o seu ateliê em Carnegie Hall.* Era ali que ele vivia e trabalhava. O ateliê era bastante amplo e positivamente vivo com estátuas e pinturas de sua autoria. Havia um busto de Thomas Edison que parecia vivo e que fora a primeira de suas esculturas. Dois bustos de Franklin Roosevelt, um esculpido antes e outro depois de Pearl Harbor, estavam mais ao fundo. O último tinha sido recentemente inaugurado em Hyde Park e réplicas dele haviam sido enviadas a cada membro do último Gabinete do presidente Roosevelt. Entalhes de homens

* O atual endereço de Walter Russell é The Walter Russell Foundation, Swannanoa, Waynesboro, Virginia.

famosos como Victor Herbert, Thomas Edison, Hudson Maxim, John Philip Sousa, *Sir* Thomas Lipton, Ossip Gabrilowitsch, Mark Twain, Dan Beard, General Douglas MacArthur e Colin Kelly pareciam olhar para nós com olhos vivos e compreensivos. Nunca conheci um escultor que pudesse esculpir olhos tão expressivos como Walter Russell.

"A maioria dos escultores", disse ele, "comete o erro de pensar que os olhos são formas e, assim, fazem superfícies esféricas. Os olhos não são formas, são transparências, e o que se vê neles é a luz da alma – e é isso que tento reproduzir. Enquanto o escultor não for capaz de ver a alma através dos olhos, seu trabalho será uma mera reprodução do físico do homenageado."

Minha atenção logo foi absorvida por suas duas obras-primas: o Memorial a Mark Twain, com Mark Twain sentado no centro e todos os personagens de seus livros em pé, ao redor dele; e As Quatro Liberdades, criada a pedido do presidente Roosevelt, que pretendia colocá-la no Parque Potomac, em Washington, onde fica hoje o Hospital Naval.

Sobre a mesa havia um caderno de anotações com alguns recortes de jornais e revistas descrevendo as descobertas científicas feitas por ele. Um outro continha suas anotações e recortes a respeito das construções que ele planejou e construiu no valor aproximado de vinte milhões de dólares. E não muito distante destes havia um álbum que reunia autógrafos de famosos visitantes a seu estúdio, tais como Caruso, Ysaye, Elbert Hubbard, Paderewski, Gabrilowitsch, Theodore Roosevelt, Richard Harding Davis, o rei Alberto da Bélgica e centenas de outros.

Em três volumes, encapados com papel celofane, estavam reunidas cartas de grandes personalidades mundiais, tais como Rudyard Kipling, John Masefield, George Bernard Shaw, o duque de Bedford, Cordell Hull, Jesse Jones, Thomas Edison, Michael Pupin, Robert Millikan, Charles Kettering, Lee de Forest e centenas de estadistas, autores, cientistas e gênios em todas as artes. Disseram-lhe que a carta de Rudyard Kipling que o congratulava pelo Memorial a Mark Twain fôra a última que esse escritor escreveu.

Numa pasta fechada estavam os manuscritos de uma volumosa obra-prima de filosofia que ele ainda está concluindo para ser discutida e aplicada na Nova Era, no campo de todas as relações humanas, e uma outra obra, maior ainda, sobre a ciência do futuro, que se intitularia *O Universo, Onda de Luz*. Ambos os volumes estariam prontos no final de 1946. Ele havia trabalhado neles durante vinte e cinco anos, liberando, ocasionalmente, alguns trechos desse trabalho, para o terror de todo o mundo científico.

"Por que o senhor estabeleceu o ano de 1946 como a data de publicação dessas obras?", perguntei. "E por que levou tanto tempo para escrevê-las?"

"Até agora o mundo não estava preparado para aceitar, ou mesmo para compreender a nova cosmologia", ele respondeu, "nem está pronto ou disposto a aceitar a filosofia da Nova Era. O mundo precisou sofrer para compreender o mais simples dos princípios universais, ou seja, a unidade do homem com o homem e com Deus. O mundo dos homens teve de fazer a colheita dos grãos do ódio, do egoísmo e da ambição que semeou durante séculos. A humanidade teve de fazer essa colheita para aprender que a lei universal é inevitável, inelutável.

O elemento tempo não foi demarcado por mim, mas pela Fonte de Quem recebi o meu dever e as mais detalha-

Franklin Roosevelt antes de Pearl Harbor

das e explícitas instruções. Essa data foi-me marcada em maio de 1921, num tempo em que eu estava inteiramente informado da carnificina mundial que haveria durante um período de transição, quando seriam colhidos os frutos das sementes do egoísmo e da ambição que o mundo semeou."

O homem que assim falava fazia-o com grande modéstia, quietude e dignidade. Havia nele simplicidade, honestidade, desprendimento e uma paz extraordinária. Percebi num relance que, se pudesse achar o segredo de seu poder, eu estaria dando ao mundo algo que não tinha preço.

Quando nos sentamos entre suas pinturas e esculturas, eu me voltei para ele.

"Pode me contar o segredo da sua vida?", perguntei.

Ele hesitou, mas em seguida respondeu:

"Posso. Acredito sinceramente que cada homem e mulher têm um gênio consumado dentro de si. Alguns parecem tê-lo mais que outros, pelo fato de estarem mais atentos a isso; é a atenção ou desatenção que faz com que cada pessoa seja um mestre ou se deixe prender pela mediocridade. Acho que nós infligimos e conferimos a nós mesmos a mediocridade ou a genialidade. Todos os homens bem-sucedidos que conheci, e foram muitos, traziam consigo a chave que abre a porta da percepção para deixar entrar o poder universal que os transforma em mestres de si mesmos."

"O que é essa chave?", perguntei.

"Essa chave é o *desejo* quando entregue à imensa e eterna Energia do universo."

"Pode me explicar melhor o significado disso?"

"Eu descobri que a verdadeira essência da grandeza dos homens não está escrita nos livros e não pode ser encontrada nas escolas. Ela está escrita na consciência interior de quem quer que procure intensamente pela perfeição em suas realizações criativas e que sómente os que a buscam conseguem compreendê-la.

"Homens de sucesso de todos os tempos aprenderam a multiplicar a si próprios reunindo e transformando a energia-pensamento num grande potencial a ser usado para alcançar os objetivos visados. Todo homem de sucesso ou grande gênio tem três qualidades particulares em comum. A maior delas é que ambos conseguem trabalhar e produzir prodigiosamente. A segunda é que não conhecem a fadiga e, a terceira, que o espírito deles se torna cada vez mais brilhante à medida que envelhecem. A vida dos grandes homens começa aos quarenta, quando a dos medíocres termina. O gênio continua a ser uma fonte perene de criatividade até o seu último suspiro. Os gênios aprenderam como reunir a energia-pensamento e sabem como usá-la para transformar suas concepções em formas materiais. O pensamento de homens criativos e de sucesso nunca é desviado de seus objetivos. Esta é a razão pela qual esses grandes representantes da raça humana produzem de maneira extraordinária, como que sem esforço e sem fadiga. A quantidade de obras que esses homens deixam para a posteridade é extraordinária. Quando consideramos pessoas do nosso tempo, tais como Edison, Henry Ford ou Theodore Roosevelt, descobrimos que essas características são comuns aos três."

Walter Russell provou isso com sua própria vida. O que ele produziu revela uma versatilidade, uma qualidade e uma quantidade que poderiam ser atribuídas ao trabalho da vida de, pelo menos, cinco pessoas, e o mesmo se aplicaria não só ao trabalho, mas também aos esportes e divertimentos. Ele disse nunca ter conhecido o cansaço desde que estivesse obedecendo à lei; mas, quando a desobedecia, percebia um sentimento de culpa ao descobrir a menor evidência de fadiga, que lhe lembrava a sua desobediência.

"O senhor quer dizer que nunca sentiu cansaço?", perguntei.

"O que é que cansa?", ele retrucou. "Pode a energia se cansar ou se tornar cansativa? Certamente que não, pois toda ela é energia-pensamento da Força Criativa universal que jamais se cansa. A Inteligência Universal está constante e eternamente equilibrada.

Pode a inteligência se cansar? Certamente que não, pois ela é tão constante quanto a Energia Universal que a manifesta. Portanto, não existe possibilidade de a mente ficar cansada.

O que, então, nos faz dizer que estamos cansados? Apenas uma coisa: um corpo mal-equilibrado, e nada mais. Se pensamos que estamos cansados ou doentes, isso acontece apenas porque fizemos algo para desequilibrar a condutividade física da corrente elétrica universal. Desde que qualquer máquina, orgânica ou inorgânica, mantenha o equilíbrio obedecendo sua própria normalidade e ritmo, e enquanto obedece às leis periódicas que equilibram o trabalho e o repouso na máquina inorgânica, ou a vigília e o sono na máquina orgânica e, se as partes desgastadas no processo são tratadas ou substituídas, essa máquina por certo irá ter um tempo de vida equilibrado, sem fadiga ou doença, tão seguramente quanto o sol que surge todas as manhãs.

A alegria e a felicidade são os indicadores do equilíbrio da máquina humana, do mesmo modo que qualquer mudança no ruído familiar de um motor poderá indicar, ao ouvido de um mecânico experiente, que há algo de errado. A alegria interior, quase extática, é a condição normal do gênio. Qualquer falta dessa alegria desenvolve toxinas que destroem o corpo. O êxtase interior do espírito é a fonte secreta da eterna juventude e da força em qualquer ser humano. Aquele que o descobre compreende o significado da onipotência e da onisciência.

A energia elétrica que nos motiva não está, absolutamente, dentro do nosso corpo. Ela é parte da carga universal que flui através de nós vinda da Fonte Universal, com uma intensidade determinada pelos nossos desejos e pela nossa vontade.

A maior parte da energia que acumulamos para usar num só de nossos preciosos dias, muitas vezes já se esvaiu antes das dez horas da manhã. Mas isso jamais acontece com os gênios e com as pessoas de sucesso. Eles sabem como trabalhar sem dispersar energia. Para obter o que há de melhor dentro deles, aprendem a eliminar de seus pensamentos e ações tudo o que não estiver ligado a seus objetivos. Essas lições chegam a todos nós, mas, na maior parte das vezes, entram por um ouvido e saem pelo outro. O 'grande homem', no entanto, aprende que cada evento ou experiência em sua vida afeta todos os outros eventos ou experiências ainda por vir. Aprende a não atribuir a falha ou o sucesso desse momento apenas a esse momento, mas a todos os momentos da sua vida.

Sendo assim, eu lhe digo que cansaço e fadiga são efeitos causados pela ignorância em relação a nossa verdadeira

Natureza e pela desobediência às suas leis inexoráveis. *Você deve comandar a Natureza apenas na medida em que está desejando obedecê-la.* Você não pode obedecer inteligentemente àquilo que não compreende. Por isso, eu também lhe digo: peça à Natureza para se tornar uno com ela, e ela sussurrará seus segredos ao seu ouvido na medida em que você esteja pronto para ouvi-los. Procure estar só e em comunhão com a Natureza, e logo ouvirá no íntimo de sua consciência seus murmúrios inspiradores. A Natureza é a mais ciumenta das deusas e não sussurrará seus segredos a menos que você esteja absolutamente a sós com ela."

Capítulo 3

ENCONTRAMOS O ARTISTA

Qualquer leitor que tenha lido até aqui o relato dessa conversa deve estar impaciente para saber mais a respeito da *vida* desse homem notável. Assim, darei a você e ao sr. Russell um descanso, enquanto traço as principais linhas de sua vida e de sua carreira.

Walter Russell nasceu em Boston, Massachusetts, em 19 de maio de 1871. Freqüentou a escola da cidade até quase os dez anos, quando, devido a reveses familiares, precisou trabalhar.

Obteve um emprego de caixa num armazém com um generoso salário semanal de US$ 2.50, tendo que andar quase dez quilômetros por dia para ir e voltar do trabalho. Mas, no fundo do seu coração, ele sabia que todos temos a mesma promessa de ajuda ilimitada da Inteligência Universal que guia todas as coisas. Se a queremos, temos apenas que conectá-la, usando a chave-mestra do desejo e da confiança. Desde aquela época sua vida se transformou numa contínua prova e realização dessa fé.

Músico desde a infância, aos treze anos ele chegou à posição de organista de igreja e entrou numa escola de arte.

A partir daí, tornou-se um autodidata ao mesmo tempo que se mantinha financeiramente.

O fato de ter sido tirado da escola e posto a trabalhar não o tornou uma pessoa amarga. Na verdade, ele considerou isso uma das coisas mais felizes que podiam ter-lhe acontecido, pois assim pôde escapar de uma educação enciclopédica com sistemas de informação e testes de memória que enchem a vida de outras pessoas, desde a infância até os vinte e cinco anos de idade. Walter Russell usou sua preciosa juventude para descobrir os mistérios secretos de seu Eu Interior e dedicou toda a sua vida a buscar o seu Eu Verdadeiro e a relação deste com um universo diversificado do qual ele sabia ser uma parte vital.

Os segredos que a Natureza sussurrou a ele quando questionada, deram-lhe não somente uma percepção profunda em relação ao que denominou "O Homem Invisível como gênio ou a Divindade revelados", mas também o ajudaram a conhecer seus princípios criativos de modo tão seguro, que logo começou a segui-los, ainda em sua juventude, com o mesmo rigor operante na Natureza e suas leis que governam toda a criação.

Aos quinze anos, quando freqüentava uma escola de arte e tinha um emprego que lhe rendia US$ 12.00 semanais, sua namorada lhe disse que a companhia de ópera iria apresentar uma temporada de grandes óperas na cidade. "Eu quero que você me leve à ópera", ela disse.

"Esse é exatamente o meu plano", ele respondeu. Ele imaginava levá-la a um espetáculo, ela porém, por sua vez, pensara que ele a levaria para ver todos os espetáculos. O preço da temporada completa seria de US$ 79.60, uma soma que ele não calculava ter senão em alguns anos mais.

"Toda a temporada!", ele exclamou. "Isso é impossível!"

"Você disse impossível?", ela respondeu. "Você é a última pessoa no mundo de quem eu esperava ouvir essa palavra."

Walter Russell levou muito a sério essa observação. Quando a temporada de óperas estava para começar, lá estava ele de pé numa longa fila esperando para comprar entradas com 6.00 dólares no bolso, mas *com absoluta fé em seu coração de que, antes de alcançar a bilheteria, teria os 79.60 dólares necessários para comprar os ingressos para toda a temporada.*

Passou toda a noite numa fila, esperando conseguir um bom lugar. Quando amanheceu, um homem se acercou dele e lhe disse: "Filho, você gostaria de ganhar cinco dólares?"

"Sim, senhor, mas como?", ele perguntou.

"Vendendo-me o seu lugar na fila para que eu possa chegar ao escritório às nove", respondeu o homem.

Com a rapidez de um raio, ele replicou: "Farei melhor do que isso pelo senhor. Dê-me o dinheiro e eu comprarei e lhe entregarei as entradas."

Sem sequer lhe perguntar o nome, o homem deu-lhe o dinheiro e o endereço, que ele anotou em sua caderneta. Segurando o dinheiro entre os dedos e com a caderneta e o lápis na mão como se fosse um *bookmaker*, ele começou a atrair pessoas para si. Quando chegou à bilheteria, já tinha dinheiro suficiente para o ingresso de todas as óperas para si e para a namorada, e ainda lhe sobraram 110.00 dólares, que serviriam para pagar alguns meses da escola de arte. O mais es-

Thomas A. Edison

tranho em tudo isso foi ninguém ter-lhe perguntado o nome ou o endereço! Quando alguém confia nesse poder interior universal, conquista automaticamente a confiança das pessoas com quem lida.

Durante um verão, ele trabalhou como mensageiro num hotel. O salário era de apenas 8.00 dólares por mês, mas disseram-lhe que, com as gorjetas, ele poderia ganhar 100,00 dólares em uma temporada. Quando lhe ofereceram a primeira gorjeta, alguma coisa muito profunda vinda do seu Ser Interior levou-o a recusá-la. Ele disse: "Não, obrigado, senhor", e partiu. Em seguida, retirou-se para seu quarto, onde tentou compreender por que aquela voz interior o tinha levado a agir dessa maneira. Subitamente, teve uma grande visão.

"Serei o único mensageiro que jamais receberá uma gorjeta!", exclamou. "E serei o melhor mensageiro do mundo. Comprometo-me a prestar o mais alegre e carinhoso serviço que puder!"

A partir desse momento, ele atendeu a todos os pedidos com entusiasmo, servindo a todos os que o solicitavam. Certa vez, durante várias noites, levantara-se às cinco da manhã para conseguir leite de vaca para um bebê que precisava de cuidados especiais, e só depois voltava para a cama e dormia mais um pouco. Quando lhe perguntavam por que não aceitava gorjetas, ele respondia: "Recebo um salário e gosto do meu trabalho." Os hóspedes ficavam profundamente comovidos com isso. Convidavam-no para jantares festivos e excursões de iate, e quando o gerente lhes explicava que era contra o regulamento haver relações sociais entre hóspedes e empregados, as pessoas influentes respondiam que se as regras não fossem quebradas no caso daquele rapaz, jamais voltariam ao hotel. Foi assim que o jovem Walter passou um maravilhoso verão.

Durante seu tempo de folga, Walter fazia esboços e pinturas. Os hóspedes ficavam bastante interessados em seus trabalhos e no fim da temporada de férias, em vez de US$ 100.00 de gorjetas, ele recebera US$ 850.00 por suas pinturas e cinco ofertas de adoção legal em famílias ricas, em uma das quais já havia três garotos mimados. As pessoas para quem ele levava água gelada tornaram-se seus amigos para toda a vida e anos mais tarde, depois que Walter se tornara famoso no campo da pintura, elas já lhe haviam encomendado pinturas para si e seus amigos. E muitos anos depois, aquele bebê para quem ele fora buscar o leite de madrugada, convidou-o por ocasião do seu casamento!

"Tenho absoluta fé", ele costumava repetir, "que tudo é alcançado quando se confia na ajuda ilimitada da Inteligência Universal que está dentro de nós, e quando se trabalha de acordo com a lei, dando aos outros mais do que eles esperam, e sempre de bom grado e com cortesia."

Muito cedo ele descobriu que a riqueza podia ser mais uma desvantagem do que uma ajuda, pois o conforto e o luxo que ela pode proporcionar podem desviar o desejo em direção a uma vida de oportunismo e de facilidades e não para uma vida bem-sucedida. Nas academias de arte em que ele estudara, os rapazes que vinham de famílias ricas nem sempre obtinham o sucesso desejado, mas sim aqueles que estavam convencidos de que só com o próprio esforço chegariam aonde queriam chegar.

Por causa de sua versatilidade e amor em fazer tantas coisas diferentes, ao mesmo tempo, Walter desenvolveu a sensação de estar vivendo cinco vidas em apenas uma. Cada uma delas, ele dizia, parecia estar implorando para ser reconhecida e ter o direito de se manifestar. Sua vida parecia estar dividida em épocas que iam de cinco a vinte anos de duração, e cada vida nova se transformava numa transição da precedente.

A música, por exemplo, financiou os cinco anos de estudo na escola de arte. Ele ganhava US$ 7.50 por semana para tocar órgão numa igreja aos treze anos de idade, US$ 2.00 por semana para tocar piano nos encontros de oração das sextas-feiras, ensinava música a 50 cents por aula, embora ele mesmo tivesse tido apenas três meses de instrução musical e, durante um certo verão, regeu uma pequena orquestra num hotel de veraneio.

Durante esse período, acidentalmente, Paderewski o ouviu tocar algumas de suas composições. Trinta anos mais

Swannanoa, Waynesboro, Virginia
Residência atual do sr. e sra. Walter Russell

Charles Goodyear, o Artista em Ação

tarde, numa reunião de importantes músicos no estúdio do Sr. Buzzi-Peccia, em homenagem ao maestro Gatti-Gazazza, Paderewski insistiu para que Walter tocasse certa composição de sua autoria, uma valsa. Embora relutante, ele a tocou e Buzzi-Peccia a transcreveu. Essa valsa é a única de suas inúmeras composições que foi gravada, com exceção de uma série de cinco que ele vendera por US$ 100.00 para um outro músico que passou a ser o autor delas.

Numa segunda transição, trabalhou como ilustrador de livros e revistas. De 1897 a 1898, foi editor de arte do *Collier's Weekly*, tornando-se, então, correspondente de guerra das revistas *Collier's* e *Century* durante a guerra espanhola. Em 1900, completou sua pintura alegórica intitulada "O Poder das Eras", que foi mostrada, primeiramente, na Exposição de Arte Internacional de Turim, ganhando menção honrosa na Itália e passando a ser exibida por toda a Europa; além das honrarias que recebeu na França, na Bélgica e na Espanha Walter Russell tornou-se membro da Academia de Artes e Letras da Espanha, em Toledo.

A pintura de retratos ocupou a maior parte de sua terceira transição. Seus professores de arte mais importantes foram Albert Munsell e Ernest Major, de Boston; Howard Pyle, da Filadélfia, e Jean Paul Laurens, da Academia Julian de Paris. No princípio, ele especializou-se em retratar crianças. Pintou retratos de filhos de pessoas importantes por todo o país, incluindo os filhos do presidente Theodore Roosevelt, do governador Ames, de Massachusetts, de Thomas Lawson e de muitos outros. No auge de sua carreira e fama como especialista em retratos de crianças, foi comissionado pelo *Ladies' Home Journal* para selecionar e, em *tournée* pela América, pintar as doze crianças mais bonitas do país.

Em 1914 parou de pintar crianças e passou a pintar retratos de homens notáveis, incluindo o do Arcebispo Corrigan, do Bispo Alexander C. Garrett, de *Sir* Thomas Lipton, de Hudson Maxim, da Sra. Theodore Roosevelt, de Alexander Revell, de Clayton Sedgewick Cooper e de muitos outros.

Durante esse período, escreveu *The Bending of the Twig* [A cura do galho], *Age of Innocence* [Idade da inocência], *The Russell Genero-Radiative Concept* [O conceito gênero-radiativo de Russell], *Salutation to the Day* [Saudação ao dia], *The Sea Children* [Os filhos do mar] e fez centenas de palestras.

As maiores coisas que realizou em sua vida foram sem preparação alguma. Walter Russell, por exemplo, jamais estudou arquitetura. Tendo, porém, um forte desejo de que houvesse edifícios dotados com bons estúdios para artistas, desenhou um prédio para esse fim. Planejou e construiu edifícios na cidade de Nova York no valor de vinte milhões de dólares, tais como o Hotel dos Artistas, na West 67th Street, o Alwin Court, na 58th Avenue e o belo estúdio gótico em frente ao Museu de História Nacional na 79th Street, erguido sobre um banco de areia movediça, que lhe custou um adicional de trezentos mil dólares para ser dominado. Russell desenhou e criou a idéia do apartamento duplex, que passou a ser amplamente usado desde então.

Walter Russell também financiou e vendeu todos os edifícios, ao mesmo tempo em que criou a possibilidade legal de transformar num princípio econômico saudável uma idéia que antes fora considerada inadequada. O princípio da propriedade em condomínio, que por muitos e sucessivos anos foi absorvido como um princípio econômico sólido em todo o mundo, foi concebido por ele. Advogados disseram que isso não poderia ser feito e os donos de imobiliárias e banqueiros acharam tudo muito ridículo. O sr. Russell mostrou a solidez desses princípios, mesmo não conhecendo nada de leis ou de finanças. Conhecia, entretanto, a Lei Universal e aplicou-a às leis dos homens, inaugurando assim uma nova época nos negócios imobiliários em Nova York. Foi difícil obter o primeiro empréstimo, mas depois de quatro ou cinco edifícios terem sido construídos, as instituições financeiras da cidade passaram a oferecer-lhe todo o dinheiro que quisesse para construir muitos prédios notáveis, com base em seus princípios.

Mais tarde, surgiram agentes imobiliários dispostos a destruir esse princípio. Violaram a lei universal do equilíbrio entre dar e receber e passaram a encarar o produto e o lucro como a única realidade, em vez de considerar primeiro o pensamento que havia criado esse produto. Eles "sugavam" todo o lucro para si e deixavam apenas um termo de responsabilidade para os condôminos. O resultado é que todos os edifícios em condomínio que o sr. Russell construiu ainda dão lucro, e alguns já têm mais de 45 anos de uso, enquanto que praticamente todos os prédios nos quais os empresários modificaram os princípios defendidos por Walter Russell, a fim de obter mais lucro, transformaram-se em fracassos. A falta de visão desses empresários matou, por assim dizer, um mercado maravilhoso e arruinou uma idéia cósmica, apenas com o intuito de obter lucros imediatos em detrimento de vantagens futuras. Incidentalmente, fazendo isso, eles causaram perdas de muitos milhões aos investidores que acreditaram neles.

Então, veio a transição para a escultura aos 56 anos de idade. A mudança da pintura para a escultura foi feita por causa de um imprevisto. Walter Russell havia sido pintor durante toda a sua vida e nunca tinha trabalhado com argila.

Ao ser eleito presidente da Sociedade de Artes e Ciências, ficou resolvido que eles iriam oferecer uma medalha a Thomas Edison. O artista que deveria fazer a escultura para cunhar a medalha falhou na última hora. Assim, Walter Russell conseguiu um pouco de argila e telegrafou à sra. Edison dizendo que iria e que faria a escultura pessoalmente.

Essa resolução exigiu a mudança súbita de um ambiente conhecido, com reflexos automáticos de um corpo já treinado, para um desconhecido, que requeria nova sensibilidade e habilidade; era como se um violinista subitamente mudasse de instrumento e passasse a tocar piano.

"Era pouco sábio da minha parte agir assim, talvez porque, tendo como modelo um grande homem como Edison, eu não poderia sobreviver se falhasse", ele observou. "Mas eu nunca tinha permitido que o pensamento de fracassar entrasse em minha mente. A certeza da minha unidade com o Ser Universal, o fato de que eu devia fazer aquilo, e a inspirada crença de que deveria fazê-lo como uma demonstração da minha fé no poder ilimitado do homem, fizeram com que eu ignorasse as dificuldades.

Assim, fui à Flórida levando a massa de argila, mas no caminho dediquei o tempo todo à meditação, conectando-me com a Fonte Universal de toda a Inspiração, a fim de me dar conta integralmente do Eu Superior dentro de mim, como uma preparação para fazer com maestria o que de outra forma eu seria incapaz de fazer.

O resultado foi que essa experiência se transformou num dos marcos mais importantes da minha carreira.

Se eu tivesse seguido o procedimento comum do homem de mente superficial e tivesse jogado cartas na estrada até a Flórida, ou escravizasse a minha mente desatrelando-a do propósito criativo a fim de entreter este grande agregado de corpúsculos que chamo de corpo, em vez de me aproximar da argila com reverência e com a mente protegida das exigências do corpo, sei que teria falhado. Na verdade, eu sabia, antecipadamente, através da experiência de tentar realizar o impossível, que a meditação e a comunhão entre meu Eu Superior e o Eu Universal era o único caminho para conseguir algo que me parecia impossível.

A comunhão que descrevi é o processo criativo dos grandes pensadores. Ela não tem nada que ver com os reflexos sensoriais de um corpo complexamente organizado que muitas vezes confundimos com o pensamento."

Seguiram-se logo após outros bustos, incluindo os de Cass Gilbert, de Leopold Godowsky, de Joana d'Arc, de Colette D'Arville, Thomas J. Watson, George Gershwin, Hereward Carrington e o busto colossal de Charles Goodyear, um fragmento do monumento erguido em Akton, Ohio, para homenagear esse grande descobridor.

Alguns anos depois que o sr. Russell havia trocado a pintura pela escultura, recebeu a encomenda do monumento a Mark Twain com vinte e oito figuras. *Pintar* uma figura bidimensional é difícil; pintar duas não é duas vezes mais difícil, mas, sim, quatro vezes mais. É uma dificuldade ao quadrado. Na *escultura*, que é tridimensional, a dificuldade é ao cubo, é oito vezes mais difícil. Ele jamais havia feito um monumento e assumir esse compromisso era quase uma ofensa, pelo menos no que se refere ao mundo dos escultores. Outros grandes escultores disseram: "Os tolos correm onde os anjos temem caminhar. Ninguém jamais esculpiu com sucesso um grupo com vinte e oito figuras." Era uma outra prova de convicção do sr. Russell de que podia criar qualquer coisa que desejasse se começasse a trabalhar com o conhecimento dos princípios de equilíbrio que são fundamentais em todas as coisas, com a certeza de que poderia fazê-lo, pois não estaria sozinho nessa tarefa; o universo todo está trabalhando com ele para ajudá-lo a continuar o crescimento ordenado de um TODO, de cuja estrutura ele é uma pequena parte, tão imprescindível como uma grande parte.

Ele nunca pedira a Deus para lhe dar poder para fazer algo, porque tinha a certeza interior de já possuir esse poder. O que pedia a Deus em seus momentos de comunhão inspirada e sem palavras era para estar sempre consciente dessa Onipotência universal dentro dele.

Se sentia o mais leve indício de medo emergindo em momentos cruciais, sabia que essa consciência estava se enfraquecendo. Então ele dizia, "Oh Deus, fica comigo, preciso de Ti", pois sabia que esse medo surgia por não se dar conta da Onipotência universal que existe em cada ser humano, e que os fracassos acontecem por causa dele.

O busto de Mark Twain agradou tanto a Rudyard Kipling, a John Masefield, a George Bernard Shaw e a outros autores ingleses, que eles pressionaram o Governo Britânico para pedir uma cópia a ser colocada nos Victoria Embankment Gardens.

Quando veio a guerra, o sr. Russell foi encarregado de fazer o busto de Colin Kelly, o primeiro herói da guerra, para o Memorial Colin Kelly de Madison, Flórida, oferecido pelo governador do Estado.

Posteriormente, ele criou um grupo de quatro figuras representando a Liberdade de Falar, a Liberdade de Religião, a Liberdade da Miséria e a Liberdade do Medo, que ele desenhou e interpretou a partir de um conceito expresso por Franklin D. Roosevelt nas seguintes palavras: "Quatro anjos com suas asas protetoras abertas, voltados para os quatro pontos cardeais, seriam a minha concepção de um símbolo mundial." Esta obra foi dedicada à Exposição Internacional Feminina de Artes e Indústrias, no Madison Square Garden de Nova York, em 22 de novembro de 1943, pela sra. Harold V. Milligan, Comandante do Exército de Campo do Hospital Nacional do Câncer, na presença do Corpo Auxiliar Feminino das Veteranas de Guerra no Estrangeiro.

O sr. Russell sempre acreditou na versatilidade em todo trabalho criativo. Acreditava também que em qualquer atividade física era possível trabalhar muitas horas seguidas; porém, quando o trabalho era mental e criativo, ele achava que um sistema de duas horas para cada assunto dava-lhe a possibilidade de trabalhar as duas horas seguintes em outro projeto com a mesma disposição. Portanto, costumava trabalhar duas horas por dia em cada um dos seus cinco projetos "e deste modo viver cinco vidas de uma só vez", como dizia.

Ele também acreditava que cada pessoa deveria dar o melhor de si em qualquer tarefa que fizesse, realizando-a com maestria e amor pelo que era feito, não importando qual fosse: um trabalho físico estafante, uma atividade mental, algo rotineiro ou entediante, ou mesmo um trabalho de inspiração.

Isso era fundamental para ele. Ele sabia que aí estava a razão de ter uma saúde perfeita e grande força física durante toda a sua vida. Com um desejo irresistível pela expressão intensa e um profundo amor pela vida, por todas as tarefas de qualquer natureza, e por todas as pessoas e coisas da vida, ele acreditava que poderia permanecer forte e vigoroso até a mais extrema velhice.

O sr. Russell foi um exemplo vivo disso, pois considero-o um dos homens mais animados que jamais encontrei. Sua voz tem o timbre vibrante de um homem de quarenta anos.

Ele deu credibilidade à sua vida através de cinco artes: música, literatura, arquitetura, pintura e escultura, e de forma mais evidente em duas delas. Fez grandes descobertas na ciência e ganhou reputação internacional como filósofo e conferencista de assuntos ligados às relações éticas e humanas.

Capítulo 4

ENCONTRAMOS O HOMEM DE AÇÃO

Durante muitos anos o sr. Russell fez muitas palestras sobre a filosofia da vida, a versatilidade do ser humano e os princípios éticos nos negócios para funcionários e vendedores da International Business Machines Corporation, num esforço de construir uma humanidade melhor, através de uma maior compreensão da Luz da Onisciência que está em todos os homens esperando para ser despertada. Durante esses anos ele sacudiu as bases do princípio "caveat emptor" que estava em voga na época em que começou a disseminar os princípios do "Sermão da Montanha" no setor dos grandes negócios. Na primeira palestra para essa grande organização, Walter Russell disse a seus diretores que se sentira extremamente chocado com os dois *slogans* que constituíam a base fundamental do mundo dos negócios. Eram eles: "Espere até o comprador se dar conta" e "A única coisa que importa é vender".

Nesse tempo, era opinião geral que um homem de negócios não poderia ser honesto e ao mesmo tempo ganhar dinheiro ou ter sucesso. "Negócio é negócio", era o lema com a conotação de que qualquer coisa é correta desde que se tenha uma justificativa legal para isso.

"Esta é a lei da selva, de cada um por si mesmo", comentou o sr. Russell. "Isso não pode mais ser praticado no mundo dos negócios, pois vai contra princípios espirituais fundamentais. O futuro dos grandes negócios exige que o homem compreenda o princípio do Equilíbrio na Lei Natural e pede que sua determinação seja a de trabalhar COM a lei e não contra ela.

O princípio subjacente na Lei Única de Equilíbrio na Natureza é o de igualdade de intercâmbio entre as partes oponentes em qualquer transação na Natureza. Este princípio precisa finalmente ser observado pelos grandes homens de negócios, pois o vendedor ganancioso que pensa egoisticamente que a venda é a única coisa que conta não está retribuindo com igualdade por aquilo que consegue. Portanto, digo-lhes que um justo intercâmbio de mercadorias e serviços entre comprador e vendedor é a peça-chave para o mundo dos negócios do amanhã, quando a visão do homem de negócios moderno o despertará para a sabedoria de introduzir essa política em seu código de ética."

Foi desta maneira que ele conseguiu plantar as primeiras sementes de sua filosofia de realização, de modo amplo, no mundo dos negócios.

Suas tarefas poderiam ser prazerosas ou aborrecidas, mas quaisquer que fossem, ele sempre carregava consigo o princípio de atuar com maestria em todos os assuntos. Na patinação, por exemplo, ele trouxe os melhores instrutores do mundo, subsidiando-os pessoalmente para melhorar sua arte e destreza nesse campo e para encorajar a arte da patinação no país. Para isso, ele organizou o Novo Clube de Patinação de Nova York, foi seu primeiro presidente e promoveu os quatro primeiros festivais que se constituem agora no maior evento anual do Madison Square Garden, elevando a arte da patinação artística ao mais alto nível.

Durante esse período, o sr. Russell passou pelas mais difíceis provas que, automaticamente, fizeram dele o vencedor do campeonato Amador Nacional, porém não exigiu o seu prêmio. Patinou com os melhores profissionais da época, desde a espetacular "Charlotte" até outros igualmente famosos. A pedido da diretoria do Hipódromo, ele patinou com Charlotte num programa simples e duplo, certa noite, "só para se divertir", como ele mesmo disse.

Aos 49 anos de idade, patinou num programa para a Pathe News em Lake Placid, com a então campeã nacional feminina, Beatrice Loughlin. Por vários anos foi um dos juízes nos concursos de patinação artística em Lake Placid. Representou os Estados Unidos como juiz no concurso internacional do troféu "Duque de Connaught" em Ottawa e, numa noite de festival, liderou a grande marcha com a duquesa de Devonshire.

Aos 69 anos, ganhou os três primeiros prêmios de patinação artística competindo com patinadores com menos de trinta anos. Quando do nosso encontro ele ainda patinava na Radio City e em vários clubes privados de patinação.

Por muitos anos o sr. Russell foi um entusiasmado e perito cavaleiro. Desejando sempre o melhor, conseguiu os melhores instrutores do mundo e tornou-se tão hábil que treinou garanhões negros para a "high school", tal qual se vê nos circos. Todas as manhãs, das sete às nove, podia-se encontrá-lo na arena da Academia de Equitação Durland, trabalhando com enorme entusiasmo sobre um ou mais dos famosos garanhões árabes que faziam parte dos 27 cavalos que ele trouxera para Oyster Bay durante anos, para cruzar com os cavalos de Henry Clay a fim de produzir um tipo americano igual ou melhor do que o famoso Orloff Russo. Todos os dias, das quatro às seis, cavalgava os negros garanhões árabes no Central Park. Depois de conseguir tal feito, não mais cavalgou cavalos não treinados.

Tornou-se o dono desses cavalos através do hábito de trocar de montaria quando cavalgava com o Presidente Roosevelt. O dono do Haras Huntington, em Oyster Bay, enchia-se de satisfação por permitir que o Presidente e seu amigo artista exercitassem ali seus magníficos animais!

O artista encantou-se por um animal chamado Black Diamond e por outro puro baio da tribo Anazeh da Arábia, cujo nome era Khaled. Ofereceu cinco mil dólares por um deles, mas o criador lhe disse que ou venderia todos ou nenhum. Ele comprou todos por cinqüenta mil dólares.

Uma hora depois, o Presidente ficara tão preocupado com o que chamara de "impetuosidade do sr. Russell" que queria ir pessoalmente até o sr. Huntington pedir-lhe que devolvesse o depósito inicial de dez mil dólares e cancelasse o negócio com o sr. Russell.

"Pelo amor de Deus", disse o Presidente, "o que vai fazer com eles? Onde os colocará? Você terá de comprar alimentos e eles poderão levá-lo à falência, como fizeram com o sr. Huntington."

"Eu comprei a propriedade também, as edificações e quarenta acres. Também arranjei alguém para ajudar; um bom homem que conheço se encarregará disso. Isso não tomará muito do meu tempo e é algo que me interessa imensamente", foi a resposta do sr. Russell.

Anos depois ele se desfez dos cavalos por quinze mil dólares cada um e o valor da propriedade crescera tanto que o lucro superou em muito as suas perdas. Ao relatar-me o caso, ele disse: "Foi uma das maiores experiências da minha vida. Eu não deixaria de vivê-la por nada deste mundo."

Ele colocava em prática esse princípio mesmo nas tarefas desagradáveis. "Não há tarefas desagradáveis na vida de alguém", disse. "Se você odeia fazer alguma coisa, esse sentimento pode desenvolver toxinas prejudiciais ao corpo e você logo se cansa.

Ame tudo o que fizer. E faça-o não só com alegria mas também com amor e da melhor maneira que souber. Esse amor pelo trabalho que de alguma forma terá de ser feito, vitalizará o seu corpo e irá protegê-lo da fadiga."

Em sua esplêndida casa de campo, o sr. Russell muitas vezes tinha de aparar a grama, tarefa que não gostava de fazer. Para tornar o trabalho mais interessante, ele criava padrões e desenhos sobre a grama enquanto a cortava e, gradualmente, ia desfazendo esses desenhos, sentindo-se triste porque a brincadeira tinha de acabar. Este era o seu método de transformar o trabalho em diversão.

Em suas obras filosóficas, encontramos estas palavras: "Uma tarefa rotineira que deve ser minha, eu a glorificarei e a transformarei em arte."

"E o que me diz das derrotas? O senhor alguma vez fracassou em alguma coisa?", perguntei-lhe.

"Oh, meu Deus, claro que sim!", ele replicou, "tive a minha cota do que chamam derrotas, e estas foram muitas.

O Monum

Mark Twain

Fiz e perdi fortunas, e vi meus grandes planos falharem por erros de julgamento ou por outras causas. No pânico de 1907, perdi trezentos mil dólares. No fiasco de Miami perdi dez mil dólares ao mês de sinal em contratos de construção por planejar mais de dezoito milhões de dólares em edifícios para áreas em Miami Beach, Coral Gables, Cocoanut Grove e em outros lugares da Flórida. Dois desses projetos eram centros cívicos completos, e um deles incluía aproximadamente dez quilômetros de praia próximo a Jacksonville.

Mas não encaro isso como derrotas. São apenas experiências de vida interessantes, degraus valiosos para o sucesso. Derrota é uma situação que primeiro precisamos aceitar para que se torne uma realidade. Eu me recuso a transformá-las em realidade aceitando-as. Na minha filosofia escrevi o seguinte: 'Não conheço a derrota; ela não me atingirá. Vou ao seu encontro com um pensamento verdadeiro. O fato de resistir a ela me dá novas forças. Mas, se por acaso um dia me for oferecida essa bebida amarga, no ato de bebê-la ela se tornará doce.'

Uma das mais dolorosas das assim chamadas derrotas que sofri aconteceu na minha juventude. Aos 28 anos eu tinha pintado uma alegoria extremamente ambiciosa intitulada "O Poder das Eras" para simbolizar o poder do pensamento no processo de civilização. Eu tinha vislumbrado um grande sucesso por ocasião da sua exibição na Academia Nacional. Para minha consternação, a Academia rejeitou-a; porém, logo em seguida, os representantes do rei da Itália viram-na por acaso com os meus agentes e convidaram-me a participar, *hors concours*, como representante da pintura americana na Exposição Internacional de Arte de Turim, em 1900, comemorando a entrada do século XX. Isso levantou uma crítica de âmbito nacional da Academia Nacional por não incentivar a arte da casa. Esse quadro foi mostrado em outras cidades européias e valeu-me diversas menções honrosas, um posto de membro da Academia Espanhola de Letras e Artes, uma condecoração (uma dessas faixas vermelhas que perdi há muitos anos), além do prazer de uma visita pessoal do rei Alberto da Bélgica ao meu estúdio em Nova York para ver novamente esse quadro.

Como se pode chamar a isso de derrota? Não existe derrota."

"Qual é a grande paixão da sua vida?", perguntei-lhe.

"A Beleza", respondeu sem hesitar. "A beleza e dignidade para viver a vida como um intérprete habilidoso da Luz."

"O que o senhor quer dizer com beleza?", indaguei.

"Perfeição de ritmo, perfeição *equilibrada* de ritmo. Tudo na Natureza é expresso por ondas rítmicas de Luz. Cada pensamento, cada ação é uma *onda de luz* de pensamento e ação. Se alguém interpreta o Deus que tem dentro de si, seus pensamentos e ações devem ser ondas rítmicas equilibradas. Feiúra, temores, derrotas e doenças surgem de pensamentos e ações não equilibrados. Portanto, se alguém desejar vitalidade de corpo e felicidade deve sempre pensar no belo."

Este princípio filosófico de sua vida foi expresso da seguinte maneira: "Verei beleza e bondade em todas as coisas. Que minha visão possa estar imune a tudo que não expresse o amor."

Na época desse nosso encontro, o sr. Russell vivia um momento de transição no qual sua ênfase de vida estava no campo da ciência e da filosofia, porém sem jamais abandonar a pintura, a música ou a escultura.

Ele foi pioneiro em prever duas das maiores descobertas dos tempos modernos – os isótopos de hidrogênio, que levaram à descoberta da água pesada, e os dois novos elementos usados na bomba atômica. Ele anunciou a complexidade do hidrogênio a uma comissão de conhecidos cientistas, anos antes que houvesse a verificação dessa verdade. Mas foi a bomba atômica que acabaria sendo a descoberta que abalaria e mudaria o futuro da Terra. Os dois novos elementos descobertos que formaram a base da bomba atômica, o Netúnio e o Plutônio, foram publicados em suas tabelas de elementos em 1926. Ele os chamou, então, de Uridium e Urium. Ele predisse também que, se esses elementos fossem descobertos, as pressões atmosféricas deste planeta não seriam suficientes para mantê-los juntos.

"É quase uma piada falar em 'guardar segredos, em fechar as coisas em arquivos britânicos ou americanos' ", foi o seu comentário. "O conhecimento não pode ficar guardado. É algo cósmico e inteiramente disponível para cada pensador; o limite é o próprio homem. E há muitas novidades no conhecimento que, se fossem difundidas no país, anulariam totalmente o valor dos segredos atômicos, em poucos anos."

Quando lhe pediram para dar algumas idéias de como esse novo conhecimento poderia preparar a nova descoberta para uso comum, ele afirmou que deveríamos reverter todas as práticas eletroquímicas e parar de apoiar-nos *em primeiro lugar* na substância e *em segundo lugar* na eletricidade. "De fato", disse, "é melhor, em termos práticos, esquecer a substância, pois as pressões variáveis da eletricidade, em diferentes secções de onda, por si só determinam as variações da substância e realizam todos os milagres do laboratório da Natureza, e também dos laboratórios químicos. O número de elétrons e de prótons nada tem que ver com a determinação da diferença nos elementos, como se acreditava.

Aquilo que cada homem chama de matéria ou substância não tem existência própria. A assim chamada matéria nada mais é do que ondas causadas pelo movimento da luz eletricamente dividida em pares opostos, para em seguida ser eletricamente condicionada e modelada naquilo que chamamos de substâncias variadas da matéria. Resumindo, a matéria é o movimento da luz e movimento não é substância. Apenas dá a impressão de ser. Retire-se o movimento e não haverá sequer a aparência da substância.

A eletricidade produz todos os atributos e qualidades da luz em movimento de onda que nós percebemos como substância. Densidade, alcalinidade, acidez, condutividade, pressões de calor e frio e até as aparências são na verdade ondas de luz criadas pelos dois pólos elétricos que mantêm unido o Universo e o dispersam em campos polarizados, medidos pelos dois supervisores magnéticos que mantêm todas as ações elétricas em equilíbrio com suas reações.

E então você pega um desses produtos do movimento de onda e diz: 'Isto é um pedaço de aço' ou 'Isto é uma maçã', sem perceber sequer que, se houvesse uma retirada súbita do poder elétrico que cria esse estado de movimento, tanto você quanto o aço ou a maçã explodiriam, assim como tudo ao seu redor, de volta ao equilíbrio elétrico onde tudo se originou.

E isso é o que chamamos de radioatividade, um rápido retorno ao estado de repouso que forma a base do universo espiritual ou invisível. É como a ação de um relâmpago em comparação com uma chama, que é um retorno mais lento, ou com o processo de decomposição, que é mais lento ainda.

E assim, se os nossos cientistas nos laboratórios do mundo querem realizar os milagres do amanhã, devem considerar primeiro a luz, que é a base do universo, a onda que tem em si os segredos da criação, em seguida o que a eletricidade faz com a luz, a razão de ser disso e o porquê da energia se expressar eletricamente, para afinal considerar a questão da substância."

"Conte-me como foi que o senhor adquiriu seu conhecimento científico", perguntei-lhe. "O senhor diz que nunca estudou física e que leu poucos livros em sua vida."

"Sempre busquei a CAUSA que está por trás de todas as coisas, e nunca perdi tempo analisando EFEITOS", ele respondeu. "TODO CONHECIMENTO EXISTE como CAUSA. É simples. Isso se restringe à LUZ da MENTE e à onda elétrica do movimento que registra o pensamento de Deus na matéria.

O EFEITO é complexo – infinitamente complexo – mas não se pode ter CONHECIMENTO a partir do efeito. É possível, sim, ser INFORMADO a partir dele. Informação não é conhecimento. Nossos processos educacionais INFORMAM, mas até que tenhamos reconhecido a verdade eterna que constituía a base dessa informação, não temos o conhecimento dela. É como um alimento ainda na prateleira; não é nutritivo até converter-se em fluxo sangüíneo. O CONHECIMENTO TOTAL é possível para qualquer pessoa – e o Cosmos o dá a quem pede; mas toda a informação é impossível."

"O senhor pode nos contar qual foi o processo pelo qual chegou a esse CONHECIMENTO TOTAL? Foi um processo gradual, resultado de esforço, de busca paciente, ou houve um ponto culminante, um período de revelação ou de iluminação?"

O sr. Russell respondeu: "Eu explico isso de maneira simples. Em maio de 1922, Deus me levou a uma alta montanha de inspiração e de intenso êxtase. Um lampejo brilhante, como um relâmpago, separou abruptamente as minhas sensações corporais da minha consciência e eu me vi livre do meu corpo e imerso totalmente na Mente universal de Luz, que é Deus.

Então, Deus me disse: 'Observe a unidade de todas as coisas na Minha Luz e a aparente separação de todas as coisas nas duas luzes do meu pensamento dividido. Veja que Eu, o Indivisível, o Imutável, estou dentro de todas as coisas divididas, dando-lhes um centro, e estou fora de todas as coisas mutáveis, controlando-as.'

E os segredos do universo me foram revelados em sua grande simplicidade, quando as portas da Luz se abriram inteiramente para a minha consciência. Em menos tempo do que levo para narrar, conheci tudo o que havia para conhecer da CAUSA de todos os efeitos, pois havia pouco para saber. Naquela hora, foi como se a infinitude da complexidade, girando num caleidoscópio, fosse subitamente desmembrada, revelando-me que toda aquela ilusão nada mais era que três pequenos espelhos e alguns pedaços de vidro quebrado. De modo análogo, o caleidoscópio universal não era senão ondas espelhadas e em movimento, refletindo a sua luz dual e se estendendo a partir de um equilíbrio que está centrado em Deus, de onde todas as coisas criadas procedem em oitavas de ondas elétricas, do mesmo modo que as ondas de um oceano surgem de um mar calmo.

E assim, conhecendo a Luz Una e estática de Deus e as duas luzes dinâmicas de Seu pensamento, e mais os processos elétricos por meio dos quais Seu pensamento é registrado na 'matéria', eu, imediatamente, tinha a chave de todas as ciências, da matemática, da química, da astronomia e da mecânica, assim como as chaves de todos os princípios que constituem a base da criação; da vida e do princípio da cura; da continuidade de um universo onde não existe morte; da energia, que não é aquilo que o homem pensa ser; da matéria, que não é substância como o homem supõe; e das forças que agem sobre ela, que o homem de algum modo aprendeu a usar, mas sem conhecer o porquê desse uso.

Da mesma forma conheci o mistério da alma; e do crescimento; e o padrão das coisas em sua origem; a maneira como se desdobram e como se repetem no seu processo evolutivo.

E conheci a LEI, a LEI ÚNICA que governa todas as coisas que têm origem na Fonte através da pulsação universal que a tudo motiva. E me foi dado conhecer que eu deveria estender o conhecimento dessa lei para todas as relações humanas, a fim de ajudar a refazer o mundo em seu novo dia planejado por Deus.

Por muitos dias e noites propus-me a escrever todas as coisas que conheci em 'A Divina Ilíada', que é o meu registro dos ensinamentos recebidos na Luz. E nesse único volume de milhares de palavras jamais houve uma rasura ou correção; e a linguagem dessa mensagem divina não era minha. Eu jamais poderia ter escrito essa essência rítmica do conhecimento, nem ter criado um estilo tão elevado.

Assim, fui levado a ver o universo como um todo, e seus simples princípios de criação como uma unidade, repetindo-se sempre e sempre, infinitamente e sem distorções, como se evidencia na pulsação cardíaca universal, que dá o compasso a todas as coisas que pulsam neste universo de ondas de luz e faz com que cada um aja como UMA UNIDADE DE UM TODO ÚNICO.

Tão simples é esse princípio básico da Criação que até me tornei capaz de expressá-lo, ao longo desses anos, num único parágrafo e num diagrama de oitava de onda, tão simplesmente que cada lei ou teoria proposta no futuro ou no passado pelo homem poderia ser testada por esse parágrafo e diagrama. Se não se ajustassem a esse princípio unitário, estariam fora da Lei Natural e poderiam ser descartadas em favor da Verdade imortal.

E assim aconteceu, pois que não tive estudos além dos do primeiro grau; porém, enquanto me encontrava na Luz, eu sabia instantaneamente o que todas as universidades do mundo jamais ensinaram.

Através dessa rara experiência, compreendi o que Jesus quis significar quando disse: 'Eu sou a Luz do mundo.' Era isso o que ele queria dizer, ainda que tivesse sido mal interpretado como metáfora ou símbolo.

Minha experiência é uma prova para o mundo cheio de dúvidas e que necessita saber que o conhecimento total existe na Mente universal da Luz – que é Deus –, que essa Mente é uma Mente Única, que os homens não têm mentes separadas e que todo o conhecimento pode ser obtido da Fonte Universal de Todo Conhecimento ao nos tornarmos Um com ela."

Capítulo 5

AS CINCO LEIS DO SUCESSO

"Quando estou neste ateliê, sinto-me como Alice no País das Maravilhas", comentei, quando nos encontramos uma outra vez. "Todas essas pinturas e figuras esculpidas que me rodeiam são reais, ou ainda vou acordar e perceber que são meras invenções da minha imaginação? Quando contar a sua vida aos outros, como farei para convencê-los de que é verdade tudo que o senhor produziu em tantos setores?"

"Isso levanta a questão: 'O que é a Realidade?' ", ele me respondeu. "Será que isso que produzi é a realidade ou ela é o pensamento que causou tudo isso que você vê? Todos nós olhamos para o produto da nossa ação pensando erroneamente que aquilo que fizemos é a coisa real. Mas, pare um minuto e pense. Quando você envia um telegrama, o que faz é traduzir seus pensamentos em palavras. Os pensamentos do telegrama estão na sua cabeça. As palavras sobre o papel são símbolos que não fariam o menor sentido para alguém que não pudesse interpretá-los e traduzi-los de acordo com os pensamentos que você transmitiu. Você manda o telegrama através de um fio. Agora, em vez de palavras, você tem outros símbolos, formas de ondas elétricas através de um fio ou no espaço, que serão outra vez transformadas em pontos e traços sobre o papel. Você acha que qualquer uma dessas séries de símbolos é o pensamento ou a realidade? Será que têm qualquer significado em si mesmos, ou só passam a tê-lo na mente da pessoa que os interpreta?

Afirmo que a substância real de qualquer produto não é absolutamente o produto enquanto forma, mas é o pensamento que está por trás dele. O pensamento em si jamais é criado; apenas lhe é dada uma forma simbólica. O pensamento pertence ao pensador e aos outros pensadores capazes de interpretar a forma simbólica na qual ele expressou o seu pensamento. Pensamento e inspiração não têm uma dimensão física palpável; eles pertencem ao mundo imaterial e invisível. Essas coisas que você e eu produzimos, coisas que podem ser vistas, sentidas, vendidas, permutadas, não têm qualquer significado, exceto aquele que lhes é dado pelo público, por causa da habilidade do pensador original e criativo que foi capaz de traduzir seus pensamentos para outras pessoas e pela habilidade delas em deixar refletir a luz de um outro pensador em suas próprias consciências.

Como um princípio geral, você pode ver como isso se aplica a tudo na vida, seja você um vendedor, um médico, um artista ou um homem de negócios. Portanto, para retornar à substância real das coisas, você tem de voltar ao mundo do pensamento. Até que alguém saiba que a energia-pensamento é a causa que constitui a base de todas as coisas e que o produto é apenas o efeito, ainda estará preso ao efeito e será limitado por ele. Ele pertencerá ao mundo da imitação e unicamente a ele. Como imitador, o processo de educação em sua vida terá sido o de imitar; ele depende dos outros; faz cópias, mas não cria. Porém, aquele que verdadeiramente

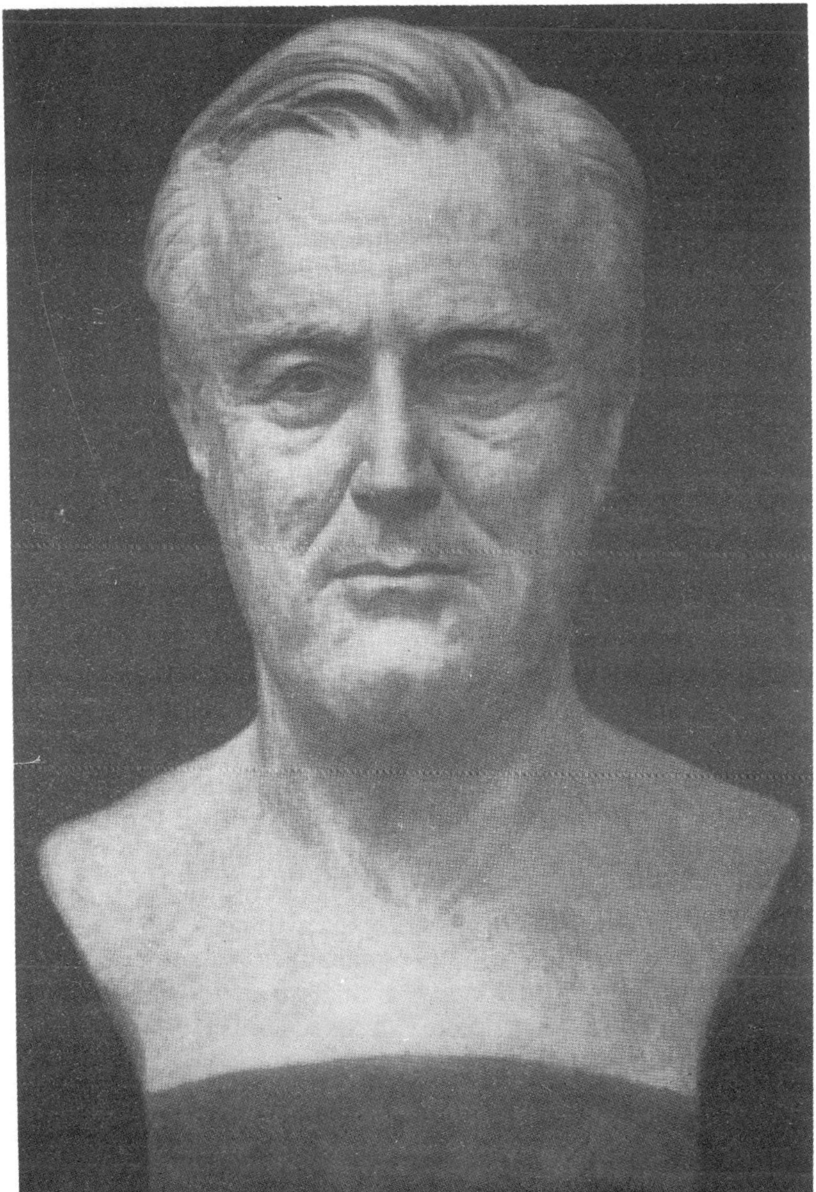

Franklin Roosevelt depois de Pearl Harbor

conhece esse princípio e o vive é alguém que cria, pondo seu conhecimento em movimento, através de ondas-pensamento, com o propósito de expressar suas criações em formas-pensamento, dinamicamente. Esse homem percebe que a única coisa que ele cria é o desenho e se este estiver em equilíbrio e ritmo com o seu pensamento inspirado, será algo verdadeiro, com equilíbrio e ritmo que irá inspirar outros com a sua verdade. Qualquer homem que pense assim sabe que seu produto será uma obra-prima, antes mesmo de começar. Isto é verdadeiro tanto para uma transação comercial como para uma invenção, uma pintura ou um monumento!"

O sr. Russell explicou que quando usa a palavra "energia-pensamento" quer significar o poder que usamos para registrar o pensamento na forma, mas a energia não é o pensamento. Igualmente, a expressão "ondas-pensamento" refere-se ao princípio pelo qual o pensamento é registrado na luz. E assim, mais uma vez, as ondas não são o pensamento. "Formas-pensamento" referem-se ao produto em formas que constituem este universo objetivo em que vivemos. Mas, do mesmo modo, as formas não são o pensamento.

"Em suma", explicou o sr. Russell, "a expressão de qualquer coisa não é a essência do que ela expressa: – a peça de teatro não é o escritor que a escreveu; a tinta não é o quadro; as palavras não são o poema; nem o poema é o poeta. Igualmente, num sentido mais amplo, a Criação não é o Criador – a Criação é apenas o pensamento do Criador; e mesmo o pensamento do Criador não é o Criador, mas a Sua extensão, a Sua imaginação, Sua expressão da Onisciência, da Onipotência, da Onipresença.

Neste mesmo sentido, pensamos que o nosso corpo são os nossos eus verdadeiros. Na verdade, eles são o produto da nossa imaginação. São meras máquinas que operam e são motivadas pelas ondas-pensamento que fluem de nossa consciência, como ondas do mar vindas de um calmo oceano. A energia-pensamento está focalizada em nosso cérebro do mesmo modo que um facho de luz é focalizado por uma lente para tornar-se mais brilhante; essa luz procede de uma área mais ampla e é reunida ali, naquele ponto, até que se torna suficientemente forte para queimar. Bem, você se dá conta dessa consciência, ou da própria inteligência universal no espaço porque a sensação que sente está focalizada no seu corpo, levando-o, assim, a crer que o seu corpo é você. . . Bem, mas não é assim. O seu corpo é meramente uma máquina feita para expressar o pensamento que flui através de você, e nada mais. É apenas um instrumento para você expressar o que imagina, do mesmo modo que o piano é um instrumento de expressão para o músico. Assim como o piano não é o músico, o seu corpo não é você."

"O senhor está dizendo que o pensamento que flui através de nós", interrompi, "em si mesmo jamais é criado; o pensamento pertence ao universo e somente a forma que corresponde ao pensamento é que é criada?"

"Sim", ele respondeu. "Recordo-me agora da resposta que Rodin deu a Lillian Russell quando ela lhe perguntou se era muito difícil aprender a ser um grande escultor. 'Não, madame', ele replicou, 'não é difícil. É muito simples. Tudo o que tem a fazer é comprar um bloco de mármore e tirar dali o que você não quer.' "

"Mas como alguém retira do mármore o que não lhe pertence? Como traduzir o pensamento *Eterno* para a sua Forma *externa*?"

"Isso vem até nós através de cinco coisas: da humildade, do respeito, da inspiração, do propósito profundo e da alegria.

Nenhum grande homem alcançou a grandeza através da esperteza. *Ninguém consegue se encontrar enquanto não tiver aprendido a se perder.*

1. HUMILDADE

Ninguém pode multiplicar a si mesmo sozinho. O indivíduo precisa primeiro dividir-se e servir a todos através do pensamento e do serviço desinteressado.

O ego pessoal precisa ser transformado no 'ego universal', deixando de ser apenas uma parte para ser o todo. O 'eu' deve ser esquecido. Eu tive a oportunidade de viver isso. Todos os seres humanos passam por esse estágio.

Certa vez, pensei que a grandeza fosse a única coisa digna; mas, quando a adquiri, descobri que não estava satisfeito com ela porque havia alguma coisa além disso, algo tão imenso que toda a notoriedade e elogio me envergonhavam em vez de me deixar orgulhoso; eu sentia que ainda havia um longo caminho a ser percorrido. Muito cedo descobri que para alcançar a grandeza bastava caminhar alguns centímetros além da mediocridade; mas esses simples centímetros eram tão difíceis de percorrer que somente aqueles que tomavam consciência de Deus dentro de si podiam dar esse passo, pois ninguém vence esses centímetros sozinho.

Quando cheguei ao ponto de ser aclamado publicamente, senti-me envergonhado, pois no íntimo eu sabia que tinha apenas começado a tatear meus recursos interiores; sabia que não tinha percorrido aqueles centímetros que fariam de mim um mensageiro digno.

2. RESPEITO

Ninguém pode realizar uma venda, escrever um livro ou inventar qualquer coisa sem primeiro ter aquele profundo respeito que o faz saber e sentir que é um simples intérprete do pensamento universal, alguém que está criando um determinado produto para alcançar um objetivo. Se você olhar somente para o produto visível, estará olhando apenas para os efeitos da causa. Se você o olhar com respeito e voltar-se para o seu Ser Interior, ficará surpreso com o que irá descobrir. Se você se der o tempo suficiente para estar consigo mesmo, conhecendo-se a si mesmo, ouvirá sussurros da Fonte Universal de toda a consciência que o inspirará. Essas são mensagens reais, verdadeiras revelações, contando-lhe, guiando-o, mostrando-lhe o caminho para a Fonte do pensamento universal; e com grande reverência você se saciará e passará dessa dimensão para o que chamamos de mundo da criação, onde produzirá, através de suas interpretações, as imagens que povoam a sua mente e que você ainda não vê. Logo se surpreenderá usando as forças cósmicas que você também não vê, mas já não estará mais trabalhando no escuro.

Aprendi a cruzar o limiar de meu ateliê com respeito, como se estivesse entrando numa esplendorosa parte de mim mesmo, para me tornar co-criador com o Pensador Universal de todas as coisas.

Ao entrar no meu ateliê não digo: 'Sou um escultor, devo ser capaz de esculpir.' Em vez disso, digo: 'Sou um intérprete que pode pensar aquela coisa que está dentro de mim e que é digna de ser feita.' Quando consigo captar o sentimento, um certo ritmo, um parâmetro, aquelas proporções que vêm para mim como uma inspiração, então sei que posso criar e ninguém abaixo do Céu pode me dizer que não posso fazê-lo.

3. INSPIRAÇÃO

A inspiração só chega para os que a buscam com humildade em relação às suas realizações e com respeito para com as realizações de Deus. Com amor pelo seu trabalho, amor pela vida e respeito pela força universal que lhe dá poder ilimitado para pedir, você pode sentar-se no topo do mundo se esse for o seu desejo. Lampejos de inspiração surgem apenas para aqueles que se sintonizam com o universo e se harmonizam e comungam com seus ritmos. Inspiração e intuição são a linguagem da Luz através da qual os homens e Deus se 'intercomunicam'. O Universo não outorga favores aos poucos que procura para serem seus intérpretes. É justamente o contrário. O Universo dá àqueles que pedem, incondicionalmente. O fio elétrico que o liga ao Universo é o desejo. Edison quis ser informado de como materializar a idéia que nos daria a luz elétrica. Aquietando-se inteiramente em seu templo interior, ele obteve, aos poucos, os lampejos que gradualmente responderam ao seu apelo.

Peça e receberá. E só você, unicamente você, deve pedir. Na minha filosofia há uma passagem em que se lê, 'A mediocridade é algo que infligimos a nós mesmos. A genialidade é algo que proporcionamos a nós mesmos.'

Muitos me perguntaram se eu poderia ensiná-los mais especificamente como acender a centelha interior que ilumina o caminho para o verdadeiro ser. Não posso fazê-lo, mas apenas apontar o caminho e falar da sua existência. Cada um deverá encontrá-lo por si mesmo. E a única maneira de fazê-lo é estar só com os próprios pensamentos em intervalos suficientemente longos, para que essa voz interior tenha uma chance de falar uma linguagem compreensível para você: 'Aqui estou dentro de você.' Essa é a voz do silêncio, a voz da natureza, que fala aos que querem ouvi-la.

Feche-se no seu quarto ou vá para um lugar perto da natureza, onde possa ouvir o silêncio e estar só. Estando só, o universo lhe fala em lampejos de inspiração. Você descobrirá que, subitamente, sabe coisas que nunca soube antes. Todo conhecimento existe na Mente de Deus e se estende para esse universo elétrico de expressão criativa através do desejo. O Conhecimento está à sua disposição; é só pedir. Basta que você o sintonize. De fato, você nada tem que aprender; tudo o que tem de fazer é relembrá-lo, ou reconhecê-lo, pois ele já é a sua herança."

Em seu inspirado livro *A Divina Ilíada*, Walter Russell traduz esse princípio nas seguintes palavras:

> Quando a madrugada anuncia a vinda do novo dia:
> Volto meus olhos para a manhã e me purifico na inocência da aurora.
> Minha alma se anima com a beleza desse instante.
> O hoje é e será.
> O ontem foi e tem sido.
> Meu ontem é o que fiz dele. Vejo-o na memória, perfeito ou imperfeito.
> Meu hoje é o que farei dele. E quero fazê-lo perfeito.
> Tenho o poder de construir o dia ou de destruí-lo.
> O dia será do que eu fizer, perfeito ou imperfeito, bom ou mau, como eu o queira vivê-lo no espírito ou na carne, no topo da montanha ou preso à terra.
> Se destruo um dia, estarei construindo dez dias mais, quem sabe dez vezes dez, para desfazer essa destruição.
> Se construo o dia, tê-lo-ei vivido para a Glória de Deus no preenchimento daquela parte do Seu propósito que me cumpre preencher.
> Assim, vou ao encontro do dia com o conhecimento de como construí-lo que procurarei dentro de minha alma, enquanto ainda é madrugada, antes que surja a manhã.

Estas são as palavras com as quais saúdo o dia.
Estas são as palavras da manhã.
Este é o espírito da madrugada.

Para mim, o Universo é um livro aberto.
Não preciso aprender. Eu sei.
Vejo o invisível do topo da montanha.
Ouço a música das esferas.
Conheço a alegria transcendente da criação.
A imortalidade me pertence.
Conquistarei a imortalidade.
Outorgarei a imortalidade.
Meu é o poder de conceder a imortalidade. E não negarei aquilo que dará imortalidade aos que habitam a escuridão e aspiram pela luz.

Estenderei minha mão na escuridão e conduzirei os que pedirem para dentro da luz.
Manterei meu corpo carregado de energia para a realização do meu propósito, de acordo com o que é pedido de mim.
O poder do universo dinâmico permeia o meu pensamento.
Tenho poder para dar ao longo do caminho.
Não negarei a ninguém o poder que é para ser dado.
Não tenho limitações. O universo me concede o seu poder sem limites.

Farei hoje aquilo que pertence ao hoje, e não temerei pelo amanhã; tampouco terei arrependimentos por ontem.
Meu dia será pleno, não precisarei apressá-lo, nem desperdiçá-lo.
As coisas que tenho de fazer são as que eu quero fazer.

Em meu coração tenho bondade para todos.
Minha alegria será servir.
Meu poder será o pensar a verdade.
Meu poder será o conhecimento.
Meu poder será a humildade.
Não conhecerei a mácula da arrogância.
Aquilo que é o eu, acolherei à sombra do belo templo da modéstia, mas colocarei o que eu fizer à luz para que todos possam ver; portanto, que o meu fazer seja a verdade.
Acolherei com gentileza a impulsividade, a impaciência com paciência.
A verdade guiará meus passos através dos caminhos tortuosos e me conduzirá à glória de um dourado entardecer.
Cantarei pelo dia uma alegre cançao, pois os problemas serão como palhas ao vento;
e que outros possam ser estimulados ao ouvirem minha canção.
Que minha expressão viva reflita o espírito que tenho dentro de mim e que todos possam vê-lo.
Abençoado seja o dia que desce sobre mim. Eu te saúdo, ó dia.
Atravesso o teu limiar com alegria e gratidão.

"Você pensa", continuou o sr. Russell, "que a civilização avança por causa do que está escrito nos livros? Nada do que está nos livros estaria ali se o pensamento que gera tudo isso não tivesse ocorrido ao espírito do homem. Ele primeiro terá de captá-lo no espaço, ou lembrar-se do padrão elétrico com o qual está sintonizado. O livro é um registro do que já aconteceu. É apenas a história que se atualiza através da informação. É uma forma de transferência de pensamento e não um processo criativo, pelo menos até que você tenha feito uma transformação dentro de si.

Isso se torna possível pela meditação e comunhão com Deus, e com isso não quero dizer apenas o ato de se sentar em silêncio em atitude de prece, como se você estivesse separado de Deus, adotando uma fé e uma crença, mas, na verdade, tornando-se UM com Ele, desejando junto com Deus, como um co-criador de todas as coisas; desejando sem palavras, desejando dinamicamente com conhecimento e não com fé e crença cegas. Com o *conhecimento*, tudo se realizará segundo o desejo, do mesmo modo que o fruto aparece na árvore com harmonia perfeita e como resultado da lei que fez cumprir o desejo contido na semente.

Creio que cada homem, mesmo o mais humilde, é a manifestação de Deus, como Seu mensageiro, e, portanto, todos devem ser dignos dessa tarefa, manifestando o seu potencial divino com a melhor de suas habilidades, quer seja o ascensorista de elevador numa indústria quer seja o seu presidente.

Creio que cada ser humano pode multiplicar seu potencial através do constante e inaudível DAR-SE CONTA de sua unidade com a Fonte Divina. Este sentimento tem estado sempre tão presente em mim que já me sinto como uma extensão dessa Fonte; sei que meus trabalhos não são meus propriamente, mas interpretações dessa Fonte. Creio que o lembrar-se constantemente desse fato faz com que a inspiração seja algo tão inebriante que nos defende das milhares de distrações que, de outro modo, nos desviariam do nosso propósito de vida, e nos protege das tentações, doenças e males em geral que afligem constantemente os que não se sentem unificados com Deus.

Acredito que esse 'dar-se conta' contínuo enobrece quem o pratica. É como se a sua estatura se tornasse maior, o passo mais elástico, a aura mais poderosa; e isso faz com que outras pessoas vejam a Luz em seus olhos e se sintam atraídas por você.

Creio que quando a alma do homem caminha e fala com Deus, ascende gradualmente às alturas e desejos de suas ambições, como a árvore que ascende da semente, pois cada um está trabalhando COM a lei e, portanto, a lei está trabalhando com cada um.

Acredito que há UM ÚNICO PENSADOR no universo; que o meu pensamento é o SEU pensamento, e que o pensamento de cada ser humano é uma extensão, através de Deus, do pensamento de todos os outros. Entretanto, penso que quanto mais elevado for o meu pensamento, isso afetará o padrão de pensamento de todos os outros seres humanos. Sendo assim, cada um tem o poder de elevar uns aos outros, do mesmo modo que cada gota d'água pode alterar o nível do oceano.

Um exemplo do que quero dizer pode ser encontrado no pensamento dos grandes compositores, autores e artistas que elevaram as civilizações aos mais altos níveis de cultura pela extensão do seu pensamento dentro da consciência humana.

Portanto, a civilização como um todo emergiu das selvas e a direção para onde vai é responsabilidade de cada um de nós.

E como acontece essa transformação dentro de você? Com um profundo e genuíno propósito. Como já disse, homens de sucesso de todos os tempos aprenderam a se mul-

4. PROPÓSITO PROFUNDO

tiplicar reunindo a energia-pensamento e potencializando-a para usá-la com vistas a um propósito. Deixe-me usar como exemplo o potencial da pólvora atrás de uma bala. A carga atrás da bala pode ser usada para determinado propósito ou dissipada inutilmente. O caçador sábio vê cada elemento que contribui para o seu sucesso. Ele se concentrou e se preparou durante dias, dando atenção aos detalhes dos quais dependem o seu sucesso. Você precisa concentrar a sua energia da mesma forma, conservando-a e protegendo-a para que não se dissipe em outras direções que não fazem parte do seu propósito.

Não há utilidade para qualquer espécie de energia a não ser que haja um planejamento de como usá-la. Você não pode obter valores criativos da energia concentrada permitindo que ela volte à sua condição estática anterior, a menos que você tenha um plano de como usá-la. O pensar é um estado dinâmico que cria modelos, formas e imagens no universo sem forma do espaço. Criamos através de padrões criativos ou de idéias a que chamamos de 'concepções'. Em seguida, concentramos nossa energia-pensamento dinâmica para materializar essas formas.

Você pode tornar-se um pequeno ou um grande criador, dependendo da intensidade do seu desejo. Se o engenheiro eletricista deseja obter mais energia do suprimento universal ilimitado, ele usa um fio que possa transportar uma corrente mais pesada. Ele pode, assim, multiplicar seu poder dando mais voltas na sua bobina solenóide para levantar mais toneladas ou fundir o aço, concentrando-se naquele ponto central de alta potência que ele tomou emprestado da área mais ampla representada pela multiplicação da superfície de cada volta na bobina. Assim, quando o engenheiro eletricista multiplica o poder construindo uma bobina solenóide para concentrar a força no centro, ele faz exatamente o que um pensador genial fará quando, de modo análogo, concentrar seu poder de pensamento no centro estático da sua consciência para multiplicar o seu poder de pensar.

Não há limites para a multiplicação do poder de qualquer ser humano nesse universo elétrico. Cada um estabelece o seu próprio limite de acordo com o seu desejo. Ele pode ser um fio fino que capta pouca energia e carrega uma corrente fraca, ou pode ser um fio mais potente. Isso é verdadeiro em relação a toda energia que o universo nos dá. Ela existe em quantidade ilimitada, mas o calibre do fio que capta essa energia é que é delimitado por cada um de nós.

5. ALEGRIA

Você ficará maravilhado quando eu lhe disser que o princípio quc compensa o equilíbrio, que o recarrega com nova energia-pensamento, depois de tê-la dispendido em alguma forma de criação, está nas qualidades mais simples da sua consciência, que conhecemos pelos nomes de alegria, felicidade, entusiasmo, inspiração, intuição, e pela palavra que supera todos esses nomes: êxtase. Pense sobre isso; como é simples saber que a alegria de uma realização o revitaliza com energia equilibrada para um novo empreendimento. Se você não tem alegria e felicidade no seu trabalho, e o acha aborrecido, você se cansará por causa da descarga desvitalizadora da energia que usou para realizar algo, e por uma outra razão que tentarei tornar mais clara posteriormente. À medida que os anos passam, sua mente torna-se mais obtusa na constante desvitalização representada pela drenagem da energia e seu corpo se desintegra prematuramente. No período em que deveria começar a manifestar grande vitalidade, o indivíduo se torna alguém que anda, mas que já está

Mark Twain

morto. Isso é extremamente ridículo, pois é apenas o resultado da ignorância do homem, do desconhecimento de si mesmo e de sua relação com um universo elétrico de energia ilimitada que está à sua disposição.

Quanto maior for a alegria da consciência interior, tanto maior será a força de recarga da energia-pensamento dentro dele; eis por que a palavra máxima e definidora para mim é 'êxtase'. O homem que conhece o êxtase da alegria é o mais dinâmico, o mais silencioso e o menos demonstrador de todos.

Por êxtase quero significar a rara condição mental que faz com que um homem inspirado seja tão surpreendentemente feliz em sua concentração mental que passa a não se dar conta do que é irrelevante ao seu propósito, estando fortemente atento a tudo o que lhe é pertinente.

Os grandes compositores, escultores, pintores, inventores e planejadores de todos os tempos estiveram de tal forma extáticos durante as horas intensas de criação, que milhões de pequenas trivialidades, dessas que ocasionam curtos-circuitos na energia e desperdiçam o tempo de muita gente, nunca encontraram sequer a oportunidade de penetrar em sua consciência. De um elevado estado mental de êxtase como esse ao estado mais simples, que podemos chamar de felicidade ou entusiasmo, é possível construir-se uma escala de pressão com o poder do pensamento e observar quando há um aumento ou diminuição da mesma.

Para mim, êxtase ainda quer dizer alegria interior, e por essa alegria compreendo a experiência daquele fogo inspirador que arde na consciência dos grandes gênios, dando-lhes vitalidade de espírito e rompendo todas as barreiras.

Aquele que cultiva esse silencioso e discreto êxtase de alegria interior pode escalar qualquer altura e ser um líder em qualquer campo.

Quem nunca descobriu isso poderá se contentar em seguir as pegadas dos que o fizeram e, assim, condenar-se a si mesmo a viver na obscuridade. Para mim, alegria interior não significa a alegria superficial imposta socialmente, de fora para dentro, com seus sorrisos e galanteios. Falo de alegrias quase ocultas, de fogos inspiradores profundamente guardados que não necessitam de expressão dramática para evidenciar sua existência no trabalho. Esse estado de alegria é essa efervescência do espírito inspirado do grande pensador, que se revela calma e quase invisivelmente. Ele pode estar sentado tranqüilamente no seu quarto, sozinho consigo mesmo e com o Universo, ou em companhia de outros. Não há qualquer indício violento e superficial do êxtase que os grandes pensadores sentem. Não há nada de dramático em relação a isso; apenas um brilho sutil no olhar ou uma emanação ainda mais sutil e silenciosa que o cerca, à medida que você vai se dando conta de que está na presença de alguém que construiu a ponte que liga o mundo material ao espiritual.

Os que são bastante afortunados para acender dentro de si mesmos as chamas da inspiração são aqueles que, como Edison, Farrady ou Goodyear, nos deram uma nova espécie de civilização; aqueles que, como Mozart, Beethoven, Chopin ou Tchaikovsky, interpretaram ritmos invisíveis tornando-os visíveis; aqueles que, como Miguel Ângelo, Rodin ou Rembrandt, transpuseram seu êxtase interior para formas e símbolos reconhecíveis; aqueles que, como Cass Gilbert, John Russell, Pope ou André Fouilhoux, transformaram formas rudes em música congelada; ou aqueles que, como Paul Litchfield,

Thomas Watson ou Henry Ford, expressaram seus pensamentos criativos em indústrias que mudaram o nosso mundo.

É a essa espécie de alegria a que me refiro. Uma alegria que poucos conhecem e experimentam conscientemente, pois ela só se revela ao coração dos grandes pensadores.

Àqueles que encontram alegria interna que vem do milagre da descoberta do Eu Interior em cada homem, algo também é concedido que é maior que o sucesso. A eles é dada a Vida Triunfante. Deixe-me explicar o que quero dizer com isso:

O homem de sucesso, segundo os padrões modernos, é aquele que o obteve em sua vida através do acúmulo de dinheiro, de propriedades e ocupa um lugar de honra no mundo por causa de suas realizações importantes e de seu poder econômico. Em outras palavras, o homem de sucesso é concebido, geralmente, como alguém que acumulou valores que podem ser avaliados pelas Bolsas e o Mercado Financeiro. Porém, há algo ainda maior do que isso; há a Vida Triunfante que transcende todo sucesso material. *A Vida Triunfante é aquela que transforma a expressão criativa que um ser humano dá ao mundo em algo muito maior e valioso do que aquilo que ele imaginou criar a partir de si mesmo e da criação de outros.*

E a maior ambição de cada um deveria ser manifestar um ser humano assim. Com esse desejo no coração dos homens não haveria mais a cobiça ou um desequilíbrio egoísta, nem exploração de uns para com os outros, ódios, guerras ou o receio delas.

A impregnação desse desejo no pensamento da Nova Era poderá criar uma raça de homens que marcará o próximo estágio da jornada que começou na selva em seus primórdios e se dirige para uma total consciência da Luz de Deus que espera por toda a humanidade no topo da montanha ao final de sua jornada."

Capítulo 6

A VISÃO DO ATELIÊ

Antes de partir, olhei mais uma vez para as imagens esculpidas no ateliê. A saga da América! Era isso que o ateliê de Walter Russell representava para mim. Não só a sua vida é uma expressão e ilustração das Leis Eternas que regem todos os grandes homens, mas a arte e a ciência que ele produziu abrem uma janela no coração da vida americana. As faces esculpidas no seu ateliê representavam os personagens-chave que modelaram os destinos da América nos últimos cem anos.

Mark Twain, em sua "Trilogia do Mississípi", possibilitou a visão mais característica da vida americana de sua época. Os vinte e sete personagens criados por ele em seus livros estão à sua volta no monumento, como personagens típicos que fizeram da América o que ela é hoje. Eles representam o que pode ser chamado de as "raízes" da Nação.

E quem poderia inaugurar essa era moderna e tecnológica senão Thomas Edison, cujo busto foi o primeiro a ser esculpido numa longa série de esplêndidas obras de arte! Por duas gerações, todos os pés da América marcharam em sintonia com a música de John Philip Sousa, enquanto que pessoas em todos os campos da vida enchiam os teatros para ouvir as óperas de Victor Herbert. *Sir* Thomas Lipton, ao mesmo tempo que fornecia chá para o mundo, mantinha também as primeiras páginas dos jornais americanos ocupadas com o drama de seus esportes internacionais. Suas tentativas perenes de ganhar os troféus em corridas de iates, que sempre acabavam em derrota, valeram-lhe os títulos de "o melhor esportista" e "o mais gracioso perdedor" na história da competição internacional. Dan Beard, aos 92 anos de idade, estava lá falando-me de seu movimento pelo escotismo. O Cardeal Gibbons, representado por uma gravura, foi o porta-voz dos católicos dessa Nação por toda uma geração. Hudson Maxim, inventor de armas e advogado da Paz, foi alguém que intencional ou involuntariamente ajudou a conduzir esse meio século de guerra. Charles Goodyear que, com a descoberta da vulcanização da borracha, tornou possível o automóvel e, com isso, as gerações passaram a se locomover sobre novas rodas. Thomas J. Watson também tem um lugar igualmente significante como uma das influências que inauguraram uma nova concepção das leis espirituais nos negócios. Colin Kelly, o primeiro herói que morreu para possibilitar uma nova era de liberdade.

Finalmente, os dois Roosevelts, Theodore e Franklin, representaram o início e o fim do maior período da história dos Estados Unidos, o Alpha e o Ômega, que nos lançou num mundo de liderança conhecido apenas por poucas Nações.

Por duas vezes Walter Russell foi convidado da Casa Branca; primeiramente como pintor oficial e, em seguida, como escultor oficial. O primeiro Roosevelt convidou-o para *pintar* os retratos de seus filhos. O segundo Roosevelt posou como modelo para que seu busto fosse esculpido. As

As Quatro Liberdades

duas famílias demonstraram-lhe grande cortesia e cooperação e, nas duas ocasiões em que esteve na Casa Branca, teve uma oportunidade raramente oferecida a políticos e diplomatas do círculo mais íntimo dos presidentes: pôde ver a alma desses dois homens que comandaram o Navio do Estado durante as crises mais graves da sua história.

E, finalmente, o "Monumento das Quatro Liberdades"! Enquanto todos os outros personagens chamam nossa atenção para os últimos cem anos que estão chegando ao fim, esse grupo de estátuas aponta para os anos que estaremos enfrentando em nosso futuro. Há algo nessas imagens que me toca profundamente, principalmente a maneira como estão posicionadas. No acampamento que criei, "Camps Farthest Out", sempre nos reunimos, antes de iniciar cada uma das conferências, em algum lugar elevado ou ao lado de um belo lago; são duzentas ou trezentas pessoas reunidas a enviar vibrações de amor para todo o mundo. Um símbolo alegórico que tem sido freqüentemente usado no acampamento é o de escolher quatro pessoas dedicadas e altruístas que se colocam no centro de um grande círculo e, com os braços elevados voltados para os pontos cardeais, se dispõem a ser como radiotransmissores através dos quais o Amor de Deus pode abençoar o mundo. Num momento tão expressivo como esse, não há arte que seja apropriada para expressar o Poder de Deus que desejamos ver manifestado através de nós. Não há obra-prima na pintura, na poesia, na escultura, na arquitetura, na música, no teatro ou na dança que seja adequada para um momento assim. Nessas quatro figuras vivas temos uma combinação de todas as artes, algo maior que a poesia, maior que o drama – a dedicação completa de centenas de pessoas que se dispõem a canalizar, através de seus corpos, mentes e almas, o Amor de Deus. Através dessas quatro figuras ao centro e do círculo maior de pessoas

As Quatro Liberdades

à sua volta, invocamos a liberdade, o amor e a paz de Deus para abençoar o mundo.

Quando me sentei diante do "Monumento das Quatro Liberdades", fui tomado por um sentimento de profunda admiração e alegria, ao olhar aquelas quatro figuras, dois homens e duas mulheres, mirando na direção dos quatro pontos cardeais, com os braços levantados e protetores irradiando liberdade para todo o mundo. Em pensamento, pude ver toda uma Nação reunida num vasto círculo dizendo em coro as palavras que foram ditas no dia da inauguração oficial desse Monumento: "A partir deste instante, que esse grupo de esculturas seja o nosso símbolo de liberdade para o mundo, e o dedicamos para honrar as legiões de homens e mulheres que deram suas vidas pela liberdade. Que esse Monumento possa ser uma inspiração para eles agora e um tributo duradouro à sua VITÓRIA. Que as asas protetoras desses anjos os protejam e guiem, unindo o mundo na paz e irmandade duradouras. DEUS ABENÇOE A TODOS."

O PREFÁCIO PROTELADO

Agora que você acabou de ler este livro, deve voltar ao início e lê-lo outra vez. Ninguém pode entrar completamente numa nova dimensão de pensamento e compreender tudo de uma só vez! Nenhum outro livro irá gratificá-lo com maiores benefícios do que uma releitura deste livro.

Para lembrá-lo desse fato, coloquei o prefácio no final.

"Mas você deve colocar o prefácio no começo do livro", disseram-me os que leram o manuscrito. "Lançar idéias desconhecidas para mentes que não estejam preparadas, pode deixá-las no ar. Porém, uma pequena explicação que lhes fale do milagre vivido por poucos na história e que foi descrito nos tempos bíblicos como 'estar na Luz' ou 'no Espírito', ou ainda posteriormente como 'iluminação', poderia facilitar-lhes a compreensão."

A isso respondi que a única preparação adequada para a leitura deste livro é a releitura dele. Esta pode parecer uma afirmação radical, mas é verdade. Que ele possa mexer com o leitor, intrigá-lo, inspirá-lo; que ele possa provocar milhares de perguntas. Que o leitor não descanse enquanto não o ler outra vez e que seu próprio espírito responda às suas indagações, fazendo emergir em sua consciência muitas novas aspirações e, depois da terceira releitura, o apóie dinamicamente ao converter essas aspirações em realidade.

A Luz a que nos referimos neste livro está começando a brilhar em cada ser humano e se tornará mais intensa e brilhante para aqueles que a conquistarem através de incontáveis dias, semanas e anos de merecimento e de um crescente desenvolvimento da consciência.

Leia também

UMA JORNADA INTERIOR

(From the Center)

Sara Marriott

Algumas pessoas se mostram ansiosas por assumir riscos, desejosas de se tornarem pioneiras em áreas desconhecidas à nossa consciência. Outras mostram-se interessadas em assistir a aventuras, como pela televisão, permanecendo no conforto da rotina, que lhes torna a vida mais segura. Desde muito cedo em minha vida tenho sido uma pioneira que se aventurou a responder aos impulsos da essência da beleza e a seguir por um túnel longo e escuro, rumo à distante centelha de luz no centro de minha consciência.

Neste livro compartilho, com aqueles que se interessarem, uma pequena parte dessa aventura. Muitos têm caminhado comigo em espírito durante grande parte dessa experiência de meditação e alguns podem lembrar-se disso e sentir-se familiarizados com o seu próprio "Centro".

. . . .

Do centro do meu Ser, do centro do Templo da Totalidade na minha meditação, do centro de Findhorn, onde no correr dos anos tanto se aprendeu, partilho essas centelhas da aventura interior.

Possam aqueles que lerem este livro sentir-se auxiliados na descoberta e no fortalecimento da amável e crescente percepção da vida na sua totalidade.

. . .

Sara Marriott aprendeu a ouvir e a seguir aquela *"essência da beleza que freqüentemente se expressa sob formas desconhecidas de nossa mente ativa"*. Para ela, o resultado muitas vezes foi maravilhoso, outras vezes, assustador, mas sempre levou a uma profunda compreensão de seu objetivo e de seu sentido. Sua história é inspiradora e deve ser recebida como um testemunho do poder e da divindade que existe dentro de cada um de nós.

EDITORA PENSAMENTO

NOSSA LIGAÇÃO COM AS ENERGIAS SUPERIORES

Sara Marriott

Poucas vezes a humanidade tem recebido tanta ajuda vinda das energias superiores como neste século, quando um grande poder universal está sendo revelado. Sara Marriott começou a ter consciência disso através da visão de um magnificente Ser de Luz, precedida por seis meses de meditação e seguida por uma série de sonhos. Desde então, partindo de muitas fontes, ela descobriu, sentiu e viu as provas convincentes desse acontecimento que está possibilitando um salto quântico especial na experiência evolutiva do homem. Esse novo e poderoso impulso que atinge a Terra transporta cada um de nós, dia a dia, primeiro imperceptível e depois mais rapidamente, na direção que estamos dando em nossas vidas.

Com a luz desse amanhecer, muitos despertam para o grande impulso cósmico no corpo etérico do planeta, enquanto o Guia Radiante da Humanidade aproxima de nós o Espírito da Vida, ajudando-nos a dar o grande passo à frente. Ninguém está excluído da maravilhosa oportunidade oferecida nesta aventura, mas muitos não estão de todo conscientes da escolha que têm diante de si. Felizmente, aqueles que começam a reconhecer e a reagir com clareza às energias universais que estão fluindo podem ajudar os que procuram compreender o esplêndido potencial que se nos abre neste século.

Sara Marriott — de quem a Editora Pensamento já publicou *Uma jornada interior* e *Ritmos da vida* — afirma, na Introdução deste livro: "Partilho um pouco da minha própria experiência neste livro, esperando que seja uma inspiração para aqueles que sentem um impulso profundo de busca da realidade que traz completa alegria de viver e de servir com maior liberdade e luz espiritual. Que ele lhe possa dar, leitor, a coragem para se adiantar mais confiantemente em sua própria jornada interior, nunca olhando para trás, à medida que sintoniza com os níveis superiores da consciência e com as energias que estão disponíveis para todos nós."

EDITORA PENSAMENTO